# 陈伯吹的故事

徐 鲁/著

GUANGXI NORMAL UNIVERSITY PRESS
广西师范大学出版社
·桂林·

# 陈伯吹的故事

Chen Bochui De Gushi

出 品 人：柳　漾
编辑总监：周　英
编辑顾问：杨家盛
项目主管：冒海燕
责任编辑：徐　婷
助理编辑：孙才真
装帧设计：赵英凯
封面插画：阳卓宏
责任技编：李春林

图书在版编目（CIP）数据

陈伯吹的故事／徐鲁著. --桂林：广西师范大学出版社，2017.11（2019.3 重印）
（魔法象. 故事森林）
ISBN 978-7-5598-0210-1

Ⅰ. ①陈… Ⅱ. ①徐… Ⅲ. ①陈伯吹（1906-1997）–生平事迹–少儿读物 Ⅳ. ①K825.6-49

中国版本图书馆 CIP 数据核字（2017）第 216133 号

广西师范大学出版社出版发行
（广西桂林市五里店路 9 号　邮政编码：541004
网址：http://www.bbtpress.com）
出版人：张艺兵
全国新华书店经销
河北远涛彩色印刷有限公司印刷
（河北省石家庄市栾城区冶河村　邮政编码：050000）
开本：880 mm × 1 240 mm　1/32
印张：8.875　　字数：148 千字
2017 年 11 月第 1 版　　2019 年 3 月第 2 次印刷
定价：29.80 元

# 序

## 为幼小者的一生

“百度文库”里有一组高中阶段的“阅读题”，不知是哪个省份的老师最先设计出来的，最近几年，我看到不少省份都在选用。这组阅读题的阅读文本，节选的是我在2008年为《人物》杂志写的一篇文章《永不熄灭的烛光》，文章里所写的主人公，就是我国现代著名儿童文学作家、儿童教育家、翻译家和编辑出版家陈伯吹先生。

陈伯吹先生（1906~1997）是一位跨越中国现代和当代两个历史时期的文化巨擘，是中国儿童文学和儿童教育的一代宗师。他在自己所热爱的这个世界上，走过了漫漫的风雨路程，度过了九十一个春夏秋冬。而在他九十一年的生命履历中，有七十五年是在儿童教育和儿童文学创作、翻译、编辑、出版和研究中度过的。

陈伯吹先生的一生，是为幼小者、为孩子的一生。他献出了毕生心血，为幼芽和小苗洒上清清的泉水。

为小读者们写一本陈伯吹的传记故事，是我十多年来藏在心中的一个夙愿。

早在2006年，我曾应上海《少年文艺》月刊的邀约，写过一篇《默默无声的点灯人——纪念儿童文学家陈伯吹诞辰100周年》。在报告文学里，我选取了陈伯吹先生一生中的几个关键时刻，向少年读者们描述了这位儿童文学大师的一些不平凡的经历和创作故事。

但是，那毕竟只是一篇万把字的文章，无法详尽地展现主人公曲折和漫长的一生。不过从那时起，我就有了一个小小的心愿：什么时候，能够用清浅的儿童文学文笔，为小读者们写一本比较完整的《陈伯吹的故事》，该有多好啊！

现在，在纪念陈伯吹先生111周年诞辰、逝世20周年的日子里，我总算是实现了这个心愿。

作为中国儿童文学的一代宗师，陈伯吹先生参与和见证了20世纪中国儿童文学从诞生、成长到发展、兴旺，包括遭遇重大挫折和损失，又重获新生、嬗变和壮大的全过程。他的年龄，几乎与20世纪同龄。

作为晚辈，我有幸在三十年前见过陈伯吹先生一次，并且与这位儿童文学大师一道，在我的故乡胶东半岛的芝罘湾海滨，度过了一段美丽的秋日时光。

那是1988年秋天，中国文联和另一些单位一起，在胶东半岛的烟台市，召开了一个全国儿童文学创作趋势研讨会，我作为青年作者有幸被邀请与会。这也是我平生第一次参加全国性的儿童文学创作会议。

当时参加会议的很多儿童文学界的前辈，如今都已离开了人世，我记得起来的，除了陈伯吹先生，还有田地、浦漫汀、任大霖、郑马、康志强（严文井先生的夫人）、段杏绵（马烽先生的夫人）、任大星等。今天还健在的，有蒋风、束沛德、樊发稼、王一地等老师。

那次会议最让我难忘的是，我有幸认识了敬慕已久的陈伯吹先生。这也是这位儿童文学大师在世时，我见到他的唯一一次机缘。

那时他已是耄耋之年，所有人都尊称他“陈伯老”。他穿着一套浅灰色中山装，清清爽爽的，扣子系得一丝不苟。清瘦单薄的身材，满头的银丝，神色里充满慈祥和仁爱，说话的声音很小，也很柔和，给我的印象就像秋阳下的一片朴素、干净、透明的叶子，历尽了沧桑，而呈现着自己朴素、无言的华美。

大概是因为这次与会人员中，陈伯老的年岁最高，而我的年龄最小吧，所以会议期间，去蓬莱阁、刘公岛等名胜古迹参观游览时，搀扶和“保护”陈伯老的光荣任务，就落在了我身上。

这的确是一个千载难逢的、得以近距离接触这位老前辈的机缘。陈伯老精神矍铄，其实根本不用我搀扶。只有在攀登较高的石阶和楼阁时，我才会手臂挽手臂地搀扶他一会儿。他的身体是那么轻小单薄，就像一个小孩子。但他又是一位著作等身、驰誉中外的儿童文学泰斗。

那几天里，我觉得我能那样近地和他在一起，真是幸福啊！即使在三十年后的今天，回想起来，我仍然感到温暖和激动。

我搀扶着他一起登上了刘公岛、丹崖山和蓬莱阁，还在一块写着“道德神仙”的著名匾额下合影留念。在我心目中，陈伯老正是一代“道德文章”的典范，他矍铄的精神和朴素无华的品格，也颇具道骨仙风。

记得坐在路边休息、聊天的时候，我曾好奇地问过他：“陈伯老，您的名字很特别呀，这里面有什么特殊的含义吗？”

“呵呵，我几乎大半生都在向朋友们解释这个问题。”他微笑着给我解释说，他原来的学名叫“汝埙”，后来念小学时，校长先生见了这个名字，说与其叫“汝埙”，则不如用“伯吹”二字更有意思。

原来，这几个字出自《诗经》中的《小雅·何人斯》一诗：

“伯氏吹埙，仲氏吹篪。”“伯氏”指兄长、哥哥。他在家中兄妹中正是长兄。

1926年他第一次在儿童刊物上发表作品，就署了“陈伯吹”作为笔名，后来，这个名字就渐渐取代了原来的“陈汝埙”。

原来是这样。那次，陈伯老还告诉我，他另有一个笔名叫“夏雷”，源自他的乳名“雷宝”。他是农历六月二十四日出生的，依照他家乡宝山（原属江苏省，现已划归上海市）的习俗，这一天是“雷公”的生日，所以长辈给他取名“雷宝”。

后来他还给自己取了一个笔名：“夏雷”。由这个笔名，又衍生出另一个笔名：“夏日葵”。陈伯老在给一些报纸写杂文时，常常署名“夏雷”或“夏日葵”。

但他写的最多的，还是儿童文学作品。20世纪50年代以后，他为孩子们创作出版了《一只想飞的猫》《飞虎队与野猪队》《摘颗星星下来》《童话城的节日》《海堤上遇见一群水孩子》《好骆驼寻宝记》等童话、小说和散文作品，还出版了外国经典儿童文学的翻译作品《绿野仙踪》《小夏蒂》《普希金童话》等，其中有的是过去译作的修订再版。这是一代儿童文学大师献给幼小者的爱的礼物，是一棵大树对身边的小花小草们默默的关注与祝福。

陈伯吹先生作为一位言传身教的儿童教育家，称得上是“一代风范”。仅仅以他对自己的儿子陈佳洱先生成功的培养和教育为例吧。

陈佳洱先生是我国著名的核物理学家，1954 年毕业于吉林大学物理系，20 世纪 60 年代曾在牛津大学就读，回国后从事粒子加速器的研究工作，并任北京大学教授。1993 年当选中国科学院院士。1996 年又被任命为北京大学校长，还担任过国家自然科学基金委员会副主任、中国物理学会理事长、亚太物理学会联合会主席、国家自然科学基金委员会主任等职务。

“父亲是教师出身，写作品很重视它的教育性，寓教育于作品之中。”陈佳洱回忆说，“父亲从小给我印象最深的，还是他的言传身教，教我怎么做人。他对科学特别热爱，他告诉过我，如果当初不是生活所迫，他肯定会选择数学，成为一个数学家。但是因为当时没有钱，家里需要经济支撑，他选择了去念师范，然后当小学教师、小学校长，这么一步步成了儿童教育家和儿童文学作家。”

“他为人很谦和，也很善良厚道。他不断地给我一些他所爱好的科学的教育。我记得我那时候年纪还很小，他经常一个人关在房间里写东西，不要我打扰他。有一次我溜进了他的书房，那天下午正好是雷雨天气，闪电和震耳的雷鸣把我吓哭了。他叫我不要怕并问我为什么会打雷。我说这个我当然知道了，这是雷公公要劈不孝之人。他说你怎么知道的？我说是邻居老奶奶给我讲的。他说，不对不对，打雷是云层里面带的阴电和阳电中和的结果，比如你这一只手是阴电，另一个手是阳电，两个手一拍就‘打雷’了。他一边说，一边还比画着给我看，还拿来一块玻璃板，两边用书垫起来。他要我妈妈剪了一些小纸人，放在玻璃板下面，当他用绸布在玻璃板上面摩擦时，我看到这些小纸人竟在玻璃板下上上下下地跳起舞来……”

陈佳洱还记得自己上中学时，有个电影叫《发明大王爱迪生》，正在上海放映。那时父亲很忙，陈佳洱也在学校里住读。可是父亲却专门接他出去看了这个电影。

有一天，电影院里要放映传记故事片《居里夫人》，那天正好下大雨，父亲又一次把他从学校里接出去，带他去看这个电影。

看完以后，父亲跟他讲："你要是能像居里夫人那样，将来在科学上有所发现，能够对社会做出自己的一些贡献，就很好了。"

拳拳的父爱之心和以身作则的人格力量，不仅仅对自己的儿子发挥着巨大的影响力。陈伯吹先生的父亲去世得很早，他作为长兄，像慈父一样言传身教，把自己最小的弟弟陈汝惠扶持和培养成了一位学者，同时也是厦门大学的教授。

良好的家风和教育风范，又使陈汝惠先生的儿子陈佐洱，也如堂兄陈佳洱一样，成为国家的栋梁之材，担任过国务院港澳办副主任等职务，在香港回归祖国前期与英国的谈判中发挥了重大作用。陈伯吹先生的另一个侄子陈佐湟，也是一位誉满东西方的著名音乐指挥家。

“要做一个对社会有用，而且又有奉献之心的人。”当陈佳洱谈起父亲对他的成长和人生观的影响时，他感到最为深刻和重要的，就是这一点。

春蚕吐丝，落英成泥。陈伯吹先生毕生默默耕耘、无私奉献的人格风范，他的善良、纯净、朴素的灵魂，将伴随着他留下的那些童话、小说、诗歌、散文经典和翻译作品，在人间飞翔，在一代代小读者的记忆里存活和流传，直至永恒。

徐鲁

2017 年早春时节

# 目录

# 1 凤凰起飞

1947 年夏日里的一个下午，在上海市第十六区国民小学的校园里，一个文静、漂亮的小女孩，正默默地站在学校的墙报栏前，仔细地浏览着新贴出的剪报和本校同学写的文章。

她好奇地读着一篇篇本校同学的文章，嘴角不时地露出一丝笑意。不知道她是喜欢和赞赏那些文章，还是觉得它们写得并不怎么样。

放了学回到家里，她的心好像再也不能平静下来了。一种遏制不住的、想要表达一种什么感情的愿望，强烈地撞击着她敏感柔软的心扉。

她眼前仿佛闪过了记忆里的故乡和童年：衡阳古城里一个小小的、干净的庭院，院子里有淡淡的月色和树影，夏夜的星空下妈妈讲述着一些遥远的传说，还有她们姐妹们跟着爸爸逃难时的忧愁、哀伤和眼泪，那些处在战乱的恐慌中的匆匆忙忙的人群与叫喊声……

就这样一幕幕回想着的时候，这个小女孩不再犹豫，拿出了爸爸送给她的那支崭新的钢笔。在那个寂静的无眠的深夜里，她倾倒出了自己幼小心灵中全部的同情心和爱心，写成了一篇凄婉感人的故事《可怜的小青》。

这是她有生以来写的第一篇小说。写完后，她郑重地在标题下面写上了自己的小名：凤凰。

她幻想着，在未来的日子里，在文学的天空里，自己真的能够像凤凰一样展翅高飞。

第二天一大早，她就迫不及待地把这篇小说——连同自己满怀期待的心——投寄给了当时在上海出版的《大公报》。

这份报纸有一个名为《现代儿童》的副刊，她很喜欢看上面刊登的童话和小说。

小说寄走之后，她等啊等啊，天天都站在家门口等着邮差到来。

终于，她的希望没有落空。

不久后的一天，《大公报》的《现代儿童》副刊上登出了《可怜的小青》。

她惊喜地、爱不释手地把自己的小说看了一遍又一遍，甚至还把报纸贴近鼻子，闻了闻那印成了铅字的名字和文章所散发出来的墨香……

这个幸运的小女孩，就是现在早已名满天下的言情小说作家琼瑶。她当时还未满十岁。为她编发了这篇《可怜的小青》的编辑，就是中国现代著名儿童文学家、儿童教育家、翻译家和编辑出版家陈伯吹先生。他当时受聘《大公报》编辑《现代儿童》副刊。

从 1947 夏天创刊，到 1948 年 11 月被迫停刊，《现代儿童》副刊共出版了 78 期，当时上海和其他城市的许多有名的儿童文学作家，如仇重、范泉、黄衣青、方轶群、何公超、金近、贺宜、沈百英、郭风、包蕾、任大霖、严冰儿（鲁兵）、圣野、施雁冰等，都在这个副刊上发表过作品。

还有许多像“凤凰”那样的小学生，也都十分喜欢阅读这个副刊。

出现在这个副刊上的作品除了童话、小说，还有寓言、诗歌、剧本、科学小品、科学小试验、历史故事、手工、谜语、连环画等。它们成了那个年代上海儿童课外生活里的一片小小的芳草地，是他们童年记忆不可分割的一部分。

但是当时的孩子们也许并不知道，为他们细心培植和守护着这一小片芳草地的人是谁。

就连在这块园地里发表了第一篇短篇小说的琼瑶，当时也并不知道，在《可怜的小青》的背后，有这么一位默默付出的、勤恳的园丁。

陈伯吹先生的一生，是为幼小者、为孩子的一生。他献出了毕生的心血，为幼芽和小苗洒上清清的泉水。

今天，当我们回首遥望他九十一年曲曲折折的人生长途，追寻他那风风雨雨中的生命源头，便不能不回到那迷失在岁月深处，迷失在江南烟雨中的，他的故乡……

那么，我们就从他出生的那个小镇说起吧……

陈伯吹漫画像（乐小英绘）。

# 2 故园

传说在很久很久以前，齐天大圣孙悟空在天宫里偷吃王母娘娘的蟠桃的时候，因为吃得太畅快，噗的一下，把一颗桃核吐出了天宫。

那颗桃核从南天门穿过云海，就像一颗闪亮的星星，正巧降落在长江口的一块大岩石上，变成了一颗硕大的、金光闪闪的宝珠。

宝珠把那块大岩石四周，连同长江口两岸映照得通明，即使是黑夜看上去也像白昼一样。附近的渔民们再看那块大岩石时，觉得它就像一座金光闪闪的宝山。

从此以后，渔民们就经常在这里撒网打鱼，船来船往，每次总能满载而归……

日子久了，人们就把位于长江口的这块风水宝地称作“宝山”了。

陈伯吹的家乡宝山县，就是传说中的这个地方。

宝山县，原属江苏省，现在属于上海市宝山区。宝山，也真的是因为一座山而得名。

真实的历史记载是这样的：公元 1412 年（明永乐十年），在宝山境内的海滨上，曾由人工堆筑一座土山，用作航海标志，为出入长江口的船只导航。当时的永乐皇帝钦定此山名为“宝山”。

可惜的是，这座山早在公元 1582 年（明万历十年）就被海水吞没了。不过，“宝山”这个带有吉利意味的地名一直沿用至今。

1906 年（清光绪三十二年）8 月 13 日，陈伯吹出生在宝山县罗店镇。

当时，在宝山、嘉定一带，流传着这样一首民谣：

金罗店，银南翔，

铜真如，铁大场。

这是当地的老百姓按照金、银、铜、铁的价值，对罗店、南翔、真如、大场这四个邻近的市镇做出的形象的评价。

“金罗店”那时候还被称为“小苏州”，也说明它在当时是十分富庶和繁荣的。

陈伯吹的父亲名叫陈文乔，母亲名叫张秀珍。陈家祖上是靠种桑养蚕为生的。像中国乡村里许多家庭的传统家风一样，陈家一直推崇“耕读传家”的朴素家风，与人为善，勤俭持家。这种良好的家风直接影响着陈伯吹后来的成长，使他养成了孜孜不倦、辛勤耕读的美德，并且又把这种美德和家风完整地传递给了下一代。

陈文乔十来岁的时候，被送往南翔镇的一家小布店当学徒，长大后成为这家布店专门负责到乡村收购土布的小职员。

二十岁的时候，陈文乔娶了一位贤惠的妻子——张秀珍。张秀珍出身木匠世家，心灵手巧。她像当时江南小镇上许多人家的女孩一样，从小就学会了各种女红。

一对小夫妻互敬互爱，男商女织，在罗店小镇上过着平凡和安宁的日子。

陈文乔牢记“耕读传家”的祖训和家风，在当小职员的日子里，一有空闲，就坐下来读书、练字。所以他不仅练成一手好字，还懂得不少古代诗文，一到年节，就会给店里和周边邻居写一些对联、应酬文等。

陈伯吹出生那天，是农历丙午年的六月二十四日，在罗店镇的传统习俗里，这一天是“雷祖的生日”，所以陈文乔就给这个宝贝儿子取了个乳名叫“雷宝”。

光有乳名还不够，陈文乔又向一位姓沈的邻居、也是一位比较有学问的私塾老师请教，让他引经据典，给儿子取了一个学名，叫“汝埙”。后来小汝埙进学堂念书了，学堂里的老先生说：“与其叫‘汝埙’，还不如叫‘伯吹’更有意思呢！”

于是他的学名又改成了“伯吹”。

无论是“汝埙”还是“伯吹”，两个名字都有点深奥，不太好理解。原来，这两个名字出自古老的《诗经》中的《小雅·何人斯》一诗：

伯氏吹埙，仲氏吹篪。
及尔如贯，谅不我知。
出此三物，以诅尔斯。

“伯氏”是哥哥的意思，“仲氏”是二弟的意思。“埙”和“篪”是古代的两种乐器。古代人把钱贝穿在一根绳上，称为“贯”。这里大意是说：哥哥喜欢吹埙，弟弟愿意吹篪，这样都很好呀！你们应该像钱贝穿在一根绳上一样，常在一起，互相谅解，不分不离。

童年时的陈伯吹。

总之，无论是“汝埙”还是“伯吹”，都蕴含着亲情怡怡、友好相处、互敬互谅的美意。

1926年陈伯吹开始在儿童刊物上发表作品时，首次署了“陈伯吹”作为笔名，后来这个名字就渐渐取代了原来的“汝埙”。

小汝埙出生一年半之后，他有了一个弟弟，名叫“汝宽”。

接着，小汝埙又有了两个妹妹、三个弟弟。不幸的是，他的大妹妹幼年早夭了。

这时候，全家大小八口人，全靠他的父亲在外奔波、母亲在家辛勤纺织，勉强能够糊口。日子的清苦和黯淡，是不难想象的。

尤其是小汝埙的祖父去世时，陈文乔为了尽孝，在小镇上排排场场地为亡父办了一通丧事，结果欠下了一笔不小的债务。

这就使得全家的日子捉襟见肘、雪上加霜了。

留在幼年的小汝埙头脑里最深刻的一个记忆是：

一到过春节的时候，小镇上有钱人家的孩子，都会喜气洋洋地穿上新衣新鞋，戴起新帽，还有压岁钱买小鞭炮、泥老虎和大阿福等玩具。可是，他和弟弟妹妹却只能默默地待在冷清的家里，因为没有新衣服新鞋子，不好意思去跟小伙伴们玩耍。

更何况，到了年关，还有一些讨债人会来家里要账，他小小年纪就得和弟弟汝宽一起，替爸爸妈妈赔着笑脸跟人家道歉、说好话……

1981年，已经进入晚年的陈伯吹，为一家出版社出版的《作家的童年》丛书写了一篇较长的童年回忆文章《日日夜夜仰望着北斗星》，他在文章里写到了这样一些真实的细节：

> 曾记得每年除夕，我和宽弟总是默然地、忧心忡忡地端坐在课堂的角落里，提心吊胆地迎候着讨债的人。讨债的是镇上绸布店、粮食店和杂货店等的伙计们，他们受老板的差遣，提着灯笼，敲门进来索讨欠账。我家欠的债，大部分还是祖父丧事上亏空下来的，年年还不出，利上加利，越欠越多。放账的商店，看到我们有这幢老屋，不怕我们赖掉。可到年底就得上门索讨。穷困的父亲，赡养一家人已经招架不住，哪有余力还债，滞留在南翔不归，让母亲在家应付；母亲怕看讨账人的脸，躲在后楼，让我们兄弟俩赔不是，说好话，直捱到半夜以后，提灯笼的来得少了，心上才像卸下了石头，透了口气。

母亲在楼上为她的儿子们捏着一把冷汗，下楼来抱着我们啜泣，抚慰我俩受了委屈。……

这样的场面，深深地刻在小汝埙的记忆里，也让他从小懂得了一个道理：以后要发奋念书，要为父母争气，不要被人瞧不起。

陈伯吹家的祖屋，是祖父那一代留下来的。他和弟弟妹妹们的幼年和童年时光，就是在罗店小镇上的祖屋里度过的。

他在那篇《日日夜夜仰望着北斗星》里，这样描写过他故园里的老屋："这一所从祖父手里传下来的老屋，是我的家。我是在这老屋里生下，也是在这老屋里长大的……"

他记得最清晰的，是老屋里一间小小的书房中的摆设，那间小书房也是他小时候最是好奇、最为留恋的地方：

书房虽然不大，却匠心独具地筑成旱船式，拱形的圈门，把它分割成前后两半。圈门上雕镂着一幅幅《西厢记》的图画。尽管非常古旧，浮雕斑驳，却依稀可认。还记得当自己年幼的时候，常常对着跳墙的张生和站在墙这面招手的红娘，出神地端详着，不知道他们要做什么，也曾做着种种天真烂漫的遐想，莫不是他们要摘桃子吃？……

书房的后半间：正中挂起一幅见首不见尾的“乌龙图”。它张牙舞爪地仿佛要冲破那满天乌云，从纸上飞出来的样子。小时候常常不敢独个儿站在这幅画的面前，害怕这条乌龙真的破纸而出，会把自己吞了下去。两旁挂的是四幅屏条，梅、兰、竹、菊的水墨画，也不觉得它们有什么好处，连翩翩起舞的一只彩色的蝴蝶也没有。只是在另一垛墙壁上横挂着的一幅单条，写的是一手反体草书，即使一个字也不认得，但那写得龙飞凤舞般的姿态，倒觉得新鲜，别致，有味。每天要来站在它的面前，伸出一个指头，在空中仿效着、临摹着，当作有趣的玩意儿。一只铺上藤垫的坐床，把后半间占去了一半。炕上安放着矮几，几上堆着一部颇高的木版古书，还有两个经常空着的花瓶。父亲赚钱少，母亲愁生活，谁还有心去插花。炕床永远空着，书也永远放着，没有人去翻它们。这些，只是一堆老式的陈设罢了，增添了书房里寂寞的气氛。

书房的前半间，装置着红、蓝、黄三色的玻璃小窗子，镶嵌在雕花木框的中间，要不是天井狭小，楼房稍高，有星有月的夜里，该有亮光漏进书房里来的。然而书房里总不上灯，到夜来老是一片乌黑，只听得从东岳庙前面那棵老银杏树上一声两声乌鸦叫，叫人好不烦扰。所以父亲不在家时，难得有人到里面去走动，就是白天也是如此。

客堂和书房连接着，里面铺着四方形的砖头，平展展的。一年中最担心的是“黄梅时节半阴晴”，这时方砖渗出汗水，湿漉漉的。

客堂的前面，是个长方形的小天井。天井里有一口石栏围着的井，水深而清，母亲常常汲水洗涤，并且赞美它。客堂后面是上楼去的扶梯，四扇玻璃长窗常常紧闭着。在那窗子的下部是木板，那上面也雕刻出各种花卉，生动细腻。两根碗口粗的圆柱子，立在客堂前方的两旁，漆得光亮，显出很威严的样子。父亲管教严，有一次他在家时，因我诵习不够认真，给责备后脾气倔强，曾被绑在左边的那根柱子上，因此我就不喜欢这两根门神似的柱子。

客堂的正中是七十岁老人杨晋的山水画，对着这幅“远看山有色，近听水无声，春去花还在，人来鸟不惊”的画，我常常凝视着那画中高大的山，平静的水，以及一石一木，尤其是小小的几个人物，徜徉在广阔的天地间，在孩提的单纯的眼里，煞有趣味，恨不得自己也闯进图画中去游览一番，撒野撒个痛快。

然而，这时候小汝埙还并不懂得，正是这栋祖传的沉默无言的老屋，不仅庇护了他和弟弟妹妹们懵懂无知、清苦而艰辛的童年，还将在以后的年月里，紧紧牵连着一家人的悲欢离合，承载着让他刻骨铭心的故园风雨和国恨家仇……

# 3 社戏和私塾

在小汝埙的童年记忆里，除了灰暗的老屋、清贫的日子和爸爸妈妈一年四季忙碌奔波的身影，也不是完全没有欢乐的时候。

例如每年从大年初一到正月十五上元节，每年的三月三、花朝节、清明节、端午节和迎神赛会等，都会带给小汝埙和弟弟妹妹们不少的期待和欢乐。

在罗店镇一带郊外的田野上，每当春天到来，早春的田边溪头，就会盛开一些小小的白色野花——荠菜花。

荠菜花是早春时节的象征，小小的白色的花朵，星星点点地散布在江南大地上。它们是花朵，也是一种地道的乡间野菜。罗店镇一带的人们都称其为“地米菜”。

每年农历的三月初三叫“上巳节”。每年这一天，细心的妈妈即使再忙碌，也会带着汝埙和弟弟汝宽，去郊外挖一些新鲜的“地米菜”回来。妈妈会用“地米菜”煮一些新鲜鸡蛋给孩子们吃。据说，小孩子吃了“地米菜”煮的鸡蛋，一年都不会肚子痛。

在长江以南的江苏、浙江一带，三月初三这天还被称为“荠菜花生日”。

这一天，老奶奶还会采摘回一些新鲜的荠菜花，簪在小姑娘们的发髻和鬓边，作为节日仪式。据说，这一天戴了荠菜花，就可以保她一年之中不会头痛。

荠菜花很小，和别的花朵比起来毫不起眼，但是，她有着强大的生命力。像小小的朴素的迎春花一样，她也是春天和大地的女儿，她的美丽，她的清香，同样属于春天，属于山野和大地。

小汝埙还记得，妈妈每年都会采来新鲜的荠菜，切得碎碎的，给他和弟弟妹妹们包春卷吃。妈妈告诉过他，最地道、最好吃的春卷，就是清香清香的荠菜馅春卷了。

每次妈妈包春卷、炸春卷时，懂事的小汝埙都会给妈妈打下手，他觉得，自己动手，帮妈妈多做一些春卷，让家人分享，是一件多么快乐的事情啊！

荠菜花的美是属于山野的。荠菜的清香也是大地的清香。

这时候，爸爸如果正好也稍有空闲，还会教小汝埙和他的弟弟妹妹们念一些优美的古诗，像“一日春光一日深，眼看芳树绵成阴”啦，“想见故园蔬甲好，一畦春水辘轳声”啦，还有“城中桃李愁风雨，春在溪头荠菜花”这两句，小汝埙也牢牢地记住了，从来没有忘记过。

小汝埙和弟弟妹妹们吃着妈妈亲手做的美味荠菜馅春卷的时候，感受到了土地和田野慷慨赠予人们的荠菜花的美丽与清香，也体会到了爸爸妈妈养育他们的艰辛。

还有每年农历七月初一至十五日，据罗店镇一带民间传说，这些日子是地府开“鬼门关”的日子。

在这期间，有一些家境稍好的积善人家，就会四处烧一些纸钱，为穷人们做一些“布施”。镇上的和一些乡下的小戏园子，还会上演热闹的社戏，为了应景，还会上演像《董永卖身》这样的“苦戏”和“孝心戏”。

社戏的锣鼓一响，顷刻间传遍村村镇镇。不仅年轻人兴高采烈，就是年老的婆婆、阿爷们，也都欢天喜地，牵孙抱凳，相携出门了。让人觉得，只要一有社戏，再清苦、再黯淡的日子，也顿时快活、热闹了许多。

每逢哪里有社戏的时候，就是小汝埙最开心、最兴奋的时候。他会带着弟弟妹妹四处“轧闹猛”（罗店方言“赶热闹”

的意思），追着那些小戏班子，去看一出出的社戏。

这些小戏，当然都是教人们要学好，要孝敬老人、行善积德。

小汝埙记得，有一次看过一出社戏，名叫《墙头记》。

这出社戏讲的是两个不孝的兄弟，还有他们各自坏心眼儿的媳妇，把年老不中用的阿爷赶出了家门。不久这两兄弟又听说，阿爷有些私房银子埋在某处，于是，这两个儿子和各自的媳妇又纷纷抢起了阿爷，又是捶背又是揉腿的。阿爷不久便去世了。两兄弟断定银子是埋在墙脚下的，便又与各自的媳妇一起，趁着夜色挥锄挖墙，结果，四个贪心的人都被压在了倒塌的墙下，高喊“救命”……

台上演得有板有眼、声情并茂。台下看社戏的人聚精会神、不时发出会心的欢笑声。

这时候，往往也是小汝埙最开心的时候。社戏的故事让他几乎忘记了周围的一切。

每次看完社戏，小汝埙还喜欢领着弟弟妹妹顺便去逛逛小镇上或乡村集市上的小店铺、小摊子。

这些小店铺、小摊子上总是挂着、摆着花花绿绿的“花纸”——罗店人称它们是“画张”，类似街头、地摊的年画。

这些年画有石印的、有木版印的，比较讲究一点的，还有套色印的。内容大都是像“岳家军大闹朱仙镇”“李元霸大战裴元庆”“白娘子水漫金山”“八仙过海”“钟馗捉鬼”“老鼠娶亲”，等等。

这些“画张”虽然艺术水平不高，内容里甚至还有些宣扬因果报应的迷信色彩，有的人物动作和眼角眉梢也都画得并不准确，但是这些画面和人物故事能引起小汝埙的想象和共鸣。它们和那些五花八门的社戏一样，让小汝埙从小就受到民间文化的濡染和熏陶。

陈伯吹晚年为《儿童时代》第500期写过一篇童年回忆散文《我小时候的“系列片”》。他在文章里这样回忆故乡集市上的“花纸”和“花纸”上的民间故事，以及它们带给他的快乐：

> 记得有一回，天空下着蒙蒙细雨，我坐在门口，望着路旁的枣树，忽然看到小叶丛里有个绿衣绿帽的仙女，坐在叶片上，正在梳妆打扮。我看呀看的，眼睛眨也不眨，直等到弟妹来叫我，才像梦里惊醒似的，“啊哟”一声，那仙女随即不见了。
>
> ……
>
> 每当春节来临，小店里、小摊上，挂满了红红

绿绿的“花纸”，画的都是民间故事、历史故事：“八仙过海”、“白娘子水漫金山”、“老鼠娶亲”等等。我逐张看过去，不知不觉地自己也进入了画中，和画中人一起活动，甚至于帮着好人打坏人……好久好久，眼睛不疲倦，腿脚不酸痛，地地道道是个看画迷。……

除了社戏和“画张”，有些节日里，附近的寺院和庙宇里还会举办盂兰会道场。到了夜晚，一些寺院和善堂还会锣鼓喧天地去河边“送河灯”，街头巷尾也有一些说书的盲人讲“善书”。

说“善书”是江浙一带劝人向善、莫做恶事的一种“说教”形式。这些“善书”的故事小册子，大都是皇上命令翰林院的翰林编修的，内容多为宣讲忠臣、孝子、烈女、贞妇的故事和训诫，其中也多有因果报应的迷信色彩。

在罗店镇上，说“善书”也分为春秋两季。春季大致在农历正月底二月初；秋季在农历七月半前后。说“善书”时，一般要搭一个小台子，台子正中，立上一个“神位”，黄纸牌位上写着“圣谕谨遵”或“谨遵圣谕”、“宣讲圣谕”之类似是而非的套话。牌位两旁，用红纸写着一副劝人行善的对联。

台子对面，还会设立一个“五音女孤魂野鬼香案”，大致的意思是让四周的孤魂野鬼也都来听听“善书”，以便得到超度。主讲“善书”的老先生，上台后先要对“宣讲圣谕”的牌位叩头作揖，然后才开讲。

小汝埙一直记得小时候听人说“善书”的情景。

说“善书”时，说书人会根据书上的情节，有哭有言，有问有答。当情节里需要什么角色出场时，后面就会走出一个人来，或装婆婆，或装媳妇，或装官老爷，或装犯人，有点即兴表演的意思。

然后，一问一答，或言或哭，台上讲得绘声绘色，台下听得唏嘘投入。特别是那些老婆婆、小媳妇，坐在纺棉纱的凳子上，边听边挽棉纱，听到伤心处，也不免联想到各自的命运遭遇，唏嘘声不时响起。有时候，听着听着，小汝埙也会情不自禁地流出眼泪……

除了社戏和说“善书”，罗店镇上还有一项颇具规模的民间活动，就是“迎神赛会”。

每年五月端阳节，善男信女们会把平时供奉在庙宇里的关帝像、屈原像（民间视为“天火菩萨”）抬出来周游街巷，叫作“迎神赛会”。赛会一般是四个人抬着一尊像走在队伍前面，随行信众有的打着响器，有的放着鞭炮或土铳（火枪），一时间炮声震天，十分热闹。

迎神赛会队伍沿着小镇上的主要街道游行，经过一些殷实、富庶的大户人家门前时，一般会多停留一段时间，一直等到户主拿出一些鞭炮、点心之类的礼品来，表示庆祝。

然后，赛会的队伍继续前行，挨家挨户地走过去……

赛会的队伍来到谁家门前了，一般的穷苦人家只能以焚香烧纸、邻里几家一起放一挂鞭炮的方式，表示迎接和感谢。

迎神赛会一般会由同一宗祠里的头面人物出面组织，并推出本年赛会的“会首”。荣任会首是一件值得庆贺的事，亲戚朋友都会前来祝贺。

小汝埙记得，有一年的迎神赛会，爸爸特意早早地在家门口准备了长长一挂红鞭炮，用一根竹竿把鞭炮举得高高的，仿佛要让噼里啪啦的鞭炮声，冲走一年的“霉气”一样。

在离小汝埙家不远的镇东头，有一条铺着青石板的小街，那里有一座宅子，大门上涂着红漆，看上去好像是个大户人家。

这家主人姓沈，是罗店镇上一位有名的秀才。沈秀才在家里办了一个私塾，为自己宗族里的孩子们发蒙。

小汝埙六七岁的时候，经常带着弟弟汝宽，站在沈秀才家的红漆大门口，看沈秀才摇头晃脑地教孩子们诵读，看得小汝埙都入了迷，黑亮的眼睛里露出无比羡慕和向往的目光。

“这是哪家的孩子啊？想听就进来吧，别站在门外。”沈秀才招呼小汝埙兄弟俩说。

“可是，我家没有钱，我爸爸叫陈文乔……”

“哦，是文乔家的孩子啊！都长这么大了！”沈秀才笑着说，“进来吧！你的大名是不是叫‘汝埙’哪？你知道吗？你这个名字还是老夫给起的呢！”

“先生，我可以和弟弟一起来这里念书吗？”

“可以啊，可以啊！子曰：‘不读诗，无以言’，是到了发蒙念书的年纪了！待我跟你家大人商量一下吧！”

就这样，七岁的汝埙和五岁的汝宽兄弟俩，由爸爸牵着，正式走进了沈秀才的私塾，开始发蒙念书了。

“人之初，性本善。性相近，习相远。……”

“天地玄黄，宇宙洪荒。日月盈昃，辰宿列张。……”

像那时候的多数私塾一样，汝埙、汝宽小哥俩也是从诸如《三字经》《百家姓》《千字文》等旧时蒙学读物开始读起的。

从七岁到十岁，小汝埙一直在沈秀才的私塾里念书识字。

那些年，他的爸爸一直在南翔镇上的布店里当小职员，一年难得回家几次。每次回来，爸爸都会欣喜地看到，两个孩子的学习又有了不少进步，尤其是汝埙的字，写得越来越像那么回事了……

陈文乔从心底里感到欣慰。他想到，自己的父亲晚年时一再叮嘱，再苦再穷也要让后辈好好念书识字，勿要忘记“耕读传家”的祖训和家风，这殷切希望毕竟没有落空。

汝埙的妈妈也把两个勤奋好学的儿子视若至宝。在她的眼前，仿佛正浮现着孩子们未来的好日子……

# 4 高等小学

1916年，小汝埙十岁了。

在罗店镇上，一般家境殷实的人家，男孩子到了十岁上下，都应该考虑正式入学念书的事了。不能入学念书的男孩子，要么就在小镇上学点手艺，要么就托各种亲戚关系，送到附近城镇或上海的店铺里去当小学徒，以期将来能有一门技能立业养家。

这年夏天，小汝埙和弟弟汝宽来到宝山盛桥镇的外公外婆家玩耍。

盛桥濒临长江，小汝埙很喜欢来外公家玩耍，因为在这里可以看到，心灵手巧的外婆和姨妈们坐在门前穿梭子编织渔网；还可以看到外公用刨子推木头，卷起一层层薄薄的、好看的刨花……

外公张桂荣是当地有名的木匠，外公家世代以做木工活儿养家。外公亲手做出的柜子、凳子、箱子、橱子、大床和桌几……都那么精致和端正。有时候,外公还会用零碎的木料，做出一些小杌子、小马扎、小柜子，送给孩子们。

外公很喜欢汝埙、汝宽这两个小外孙，曾几次提醒女儿和女婿，应该考虑孩子们入学念书的大事了，可不能耽误了孩子们的前程。

可是，外婆却暗自叹息道："孩子的事情，我看文乔比你还要着急！只是这两个孩子的学费，你让他哪里拿得出来呢！要不，你去跟人家李先生说说情，兴许……"

外婆说的这个李先生，名叫李墨浓，是个很有学问的人，是盛桥镇上的一位前清时期的拔贡，比罗店镇上的沈秀才还要有学问。

外公和这位李先生有一定的交情。外婆之所以想到了李先生，还因为，李先生当时担任罗店镇上的宝山县立第二高等小学堂的校长，提倡新式教育，思想开明，而且乐善好施。

外公和外婆把想送两个小外孙到小学堂念书的事给李先生说了。

李先生赞许道："应该这样想，应该这样想，宝山县的新一代孩子，都应该上学念书，可不能小小年纪都送到上海滩当小学徒啊！”

“不过，李先生，你也知道，小婿的家境……六七张小嘴等吃的……”

“只要孩子有上进心，能勤奋精进，我们就一起想办法吧！”李先生说，“我们这所高等小学堂里，还有几个免费生的名额，是专门留给那些交不上学费的贫苦人家子弟的，文乔的这两个孩子，倒也符合条件。”

真是“天无绝人之路”呢！

就这样，因为有好心的李墨浓先生的举荐和关照，这年暑假过后，汝埙、汝宽小哥俩，一起免费进入了罗店镇上的宝山县立第二高等小学（后改名为罗阳小学）念书了。

当时的小学学制是两部七年制，初等小学四年，高等小学三年。汝埙哥俩一直在私塾里上学，没有读过初小，一入学就从高小一年级读起，相当于从完全小学五年级读起。

新式小学的课程，和沈秀才办的私塾里的蒙学课可不一样。新式小学里，阿拉伯字母、算术、国语、历史、地理，还有音乐、体育，都要学习，比私塾里的内容丰富得多了！

小汝埙真是如鱼得水，一天到晚欢喜得不得了，每天像勤快的小麻雀一样，不停地啄食着知识的草籽和谷粒。

也正是在这所高等小学里，校长李墨浓先生给小汝埙改了一个新的学名叫“伯吹”。

“‘伯氏吹埙，仲氏吹篪。及尔如贯，谅不我知。’好啊好啊，你们小哥俩一个吹埙，一个吹篪，好好用功吧！可不要辜负了你外公外婆和父母亲的期望，更要对得起你外公这个闻名遐迩的手艺人的名声呀！”

李先生的谆谆教导，陈伯吹一辈子都牢牢地记得。

在小伯吹进入高等小学念书的时候，中国封建社会的科举制度已经废除。新式小学教育中，原先的文言文国语课本，已经改成了白话文。而且在小学国语课程里，从形式到内容，都已经有了真正的“儿童文学”，包括动物童话、寓言、自然故事、生活故事、民间故事、历史故事、儿歌、民歌、科普小知识、笑话，等等。

从 1909 年开始，当时的儿童教育家、儿童文学家孙毓修，已经着手为小孩子编写和出版一套名字就叫《童话》的丛书（后来又由茅盾、郑振铎等人接编）。孙毓修先生因为编写了这套《童话》丛书，被誉为中国现代“编辑儿童读物的第一人”。

到 1916 年陈伯吹进入高等小学念书时，这套名叫《童话》的儿童读物，已经出版了 102 种。这些儿童读物是由上海的商务印书馆出版的，离上海不远的宝山罗店镇的小学校园里，自然也少不了这样的儿童读物。它们作为当时最受小学生们和家长们欢迎的课外书，在很多小学和有小学生的家庭里流传着。

有一天，小伯吹看见一群小同学簇拥着一个高年级的同学，在听他讲故事。那位大哥哥讲得眉飞色舞，身边的小同学们听得津津有味、如痴如醉。

小伯吹忍不住也挤进了听故事的“人墙”，在大哥哥面前蹲下身来，加入了这个小小的“故事会”。

只听大哥哥绘声绘色地讲道：

从前，在一个小村里，有一位少年，名叫大男。他的父母死得早，家中十分贫寒。因为难以糊口，他就到京城去打工。

他在一个富人家里做杂事，不论多么勤劳地工作，还是受到老仆妇的打骂。他住的房子里，老鼠特别多，常常在夜间成群结队地跑出来活动，根本不把人放在眼里。

这年春节时，主人的女儿给他一个铜板，当作压岁钱，他用这一个铜板，买了一只猫，养在房里，从此老鼠再也不敢出来了。

这家主人有几条船，常到外国做生意。仆人们也常买些土货，托船主带到外国去卖，挣些钱回来。有一次，主人问大男："你有什么东西要我带去卖的吗？"大男摇摇头说："谢谢主人，我没有什么东西可带去卖的。我唯一的财产就是一只猫。""猫也可以卖的。"主人说。大男舍不得把猫卖掉，看别人都有东西托给主人，自己也就忍痛割爱，让主人把猫带出去试试，可心里却巴望着他的猫还能回来。

有一次，船行驶到了一个国家，船主把带去的货物都卖完，唯独把大男的猫忘得一干二净。恰好国王请船主赴宴。宫中老鼠很多，客人还没有吃，酒菜就被老鼠给吃光了。不管你如何驱赶，赶了那只来这只，怎么也赶不开，国王非常恼火。

见此情景，船主说话了："没关系，我有猫可以制服这些老鼠。"说罢，他就回到船里，把大男的猫带来了。果然，老鼠见到猫，就再也不敢放肆。国王大喜，拿出许多金银财宝，把猫换了去。

船主回到家中，大家都来欢欢喜喜地领取卖货的钱，唯独大男的猫卖得了许多金银宝石。大男从此成了富翁，就不再打工吃苦了。他要上学读书，而且十分用功，后来终于成了一个很有学问的人……

原来，这个故事正是出自孙毓修编写的《童话》丛书里的那本《无猫国》。这是他根据英国民间故事《泰西五十轶事》，删繁就简改写而成的。这篇故事，后来也被有的儿童文学研究者认定为中国现代儿童文学史上第一篇可称为“童话”的故事。

听完这个故事后，小伯吹觉得还没有听过瘾，就大胆地对那位大哥哥说：“大哥哥，你能不能把这本书借给我看一看呢？”

“借给你？……那你能保证不把书弄脏、弄丢吗？”

“我保证，一定会好好爱惜书本！”

小伯吹好像看到了一线希望。

“光爱惜还不够，我……可以借给你看，不过嘛，还有一个条件……”那个高年级同学故意拉长声调说。

“什么条件？我都愿意答应的。”

“其实也很简单，你……当着大家的面，给我磕三个头，好不好？”

小伯吹听了，二话没说，跪下就朝大哥哥咚咚咚地连磕了三个响头。

他的这个举动,引起了听故事的小同学们一阵开心的哄笑。

大哥哥本来是想逗一下小伯吹的，没想到他真的磕了三个头。

于是，他说话算数，把那本《无猫国》借给了小伯吹。

小伯吹拿到书，如获至宝，赶紧跑回家，和弟弟一起看书去了。

在读过了这本《无猫国》之后，小伯吹又从那位大哥哥手里借到了另一本童话故事书《怪石洞》。

像《无猫国》一样，这本《怪石洞》也是孙毓修编写的《童话》丛书里的一本，是一个带有幻想色彩的童话故事。

这个故事就是今天很多小朋友都熟悉的、阿拉伯经典名著《一千零一夜》(又叫《天方夜谭》)里那篇有名的《阿里巴巴和四十大盗》。

小伯吹是幸运的，在刚上小学的时候，就读到了这样两篇带有幻想色彩的童话故事。

或许，正是这两篇童话故事，像两颗小小的种子，留在了他幼小的心田里，只等有一天发芽、开花。它们对陈伯吹的影响是潜移默化的，使他最终走上了成为一名儿童文学家的人生道路……

1987 年，陈伯吹八十二岁的时候，在为《小学生阅读报》

写的一篇散文《读书进步》里，还这样回忆过自己念小学时酷爱读书的情景：

还是我在小学念书的时候，一天下午上历史课，由潘老师执教，讲“魏、蜀、吴三国形势”。大伙儿听得十分认真。老师很高兴，就利用教完课文剩余的时间，为全班同学加讲了古典文学名著《三国演义》中“火烧赤壁”的故事。老师娓娓动听地讲，我们静静地听，实在太有趣了，原来宁静的氛围，霎时洋溢着愉快活跃的空气，都埋怨下课钟响得太早了。

我尝到了文学作品的甜头，也就在课外寻找文学书本来读，于是读了我国的《水浒传》、《西游记》，还有一些民间故事；外国的《灰姑娘》和《穿靴子的猫》等等。这样，不知不觉间养成了在课外阅读的习惯。这个习惯我一直牢固地坚持着……

# 5 小书迷

英国散文作家兰姆的文学名著《伊利亚随笔》里有一首小诗，描写的是一个穷孩子十分喜欢读书，却又没有钱买书，只好经常在小书摊前徘徊流连的情景：

我看见过一个好学的小男孩，
在小书摊上把一本书轻轻翻开，
恨不能一瞬间就把它全看完，
因为他没有钱把这本书买下来。

摆书摊的人看见了这个小主顾，
不高兴地过来向他打了招呼：
“请你不要看得太久吧，先生，

因为你从来也没有买过一本书。”

小男孩满脸羞惭地叹了口气，
放下书在书摊前恋恋地踱步。
他真希望自己从来就不认识字母，
那样他就不再眼馋这些漂亮的新书。

唉，贫穷的人有许多苦痛，
那些富有的人永远无法尝到。
就像生活在春天的燕子，
不会知道西伯利亚的风暴。

我不久又看见另一位小朋友，
他的命运比那个孩子更叫人忧愁。
他饿着肚子看着满街的饭馆，
而他身上却一个硬币也没有。

闻着那一阵阵飘过的诱人的肉香，
他也许正在心里这样希望：
假如我生来就不会吃东西该有多好，

那样饥饿就不会总是跟在我的身旁。

陈伯吹小时候，也像诗歌中的这个爱书的小男孩一样，只要一看见小书摊或卖书、卖字画的小店铺，双脚就迈不动了，就会不由自主地在那里流连许久。

他也是一个穷孩子，哪怕是再便宜、自己再喜欢的书本，也没有钱买回家来。所以，他就只好经常跟周围的小同学借书看。

小伯吹十一岁的时候，有一次和弟弟汝宽一起去玉皇宫看迎神赛会，回家的路上，因为走得太快，不小心摔了一跤，把右脚踝挫伤了。

一连好多天，他的右脚肿胀得就像一根小棒槌。

妈妈带着他去看郎中，郎中误诊为一般的无名肿毒了，就给他贴上了常用的膏药。可是，肿胀不仅久久没有消除，反而越来越严重了。

幸好另一个有经验的医生看见了，确诊是脱臼，重新给出了治疗方法，小伯吹的脚伤才渐渐好转。

可是，在他治疗脚伤的日子里，他不得已休学了半年。

休学在家的这段日子里，他一天也没有中断读书和自学。

他从小镇上的一些家里有点旧书的同学那里，借来了像

《东周列国志》《说唐》《三国演义》《水浒传》《荡寇志》等古典小说，一本一本地读下去。一边读还一边做比较，他觉得自己最喜欢的是《三国演义》和《水浒传》，而像《荡寇志》之类的通俗小说，就写得差远了。

阅读这些古典小说，让小伯吹懂得了许多中国古代历史知识和历史典故，心里头也渐渐有了清晰的善恶感、是非观和道德价值判别能力。

爸爸在外面工作，难得回家一次，每次回来，都看到儿子捧着厚厚的书本在专心阅读，令他感到十分欣慰。

妈妈也禁不住向爸爸夸奖说："你看你的儿子，都变成一个小书虫、小书迷了！"

"孩子喜欢读书，就由他去吧，'耕读传家'，'耕读传家'，这下我们可都不用担心老父亲临终前的惦念了！"

"我是心疼雷宝的小身子骨！光顾着念书了，你看他瘦得那个样子，像只小螳螂了！"

"有道是，'艰难困苦，玉汝于成'，小时候多吃点苦，多用点功，也不是坏事！'少壮不努力，老大徒伤悲'嘛！"

爸爸到底是一个读过诗文又在外面见过世面的人，他根据自己的经验，认为今天的小孩子读书，视野一定要开阔一些才好，不能光读《东周列国志》和《说唐》之类的古典小说，还应该懂得今日的天下之大，懂得当下的世界潮流浩浩汤汤……

于是，在小伯吹休学的日子里，爸爸给他从上海买回了好几本他从未听说过、更没有看过的好书。让他最难忘的两本书，一本是《世界地图册》，还有一本是法国作家凡尔纳的科学幻想小说《从地球到月球》。

这两本书，成了小伯吹最心爱的课外读物，也给他打开了两扇全新的、明亮的窗户。

当他长大成人，成了一名作家后，也为孩子们写过不少科学幻想故事和科学童话，这或许就跟小时候爸爸给他买回来的凡尔纳的科幻小说有关。

在小伯吹读过了《从地球到月球》之后不久的几年里，伟大的新文化运动和五四运动爆发了。

新思潮在猛烈抨击和扫荡中国几千年的旧思想、旧道德的同时，也高高地举起了最耀眼的两面大旗，这就是“民主”和“科学”。

根据当时的译音，民主，即 Democracy，被称为“德先生”；科学，即 Science，被称为“赛先生”。

那时候，很多像陈伯吹这样的中国少年，因为接受了新文化运动和五四运动的启蒙，都清楚地明白和坚信：在古老的中国，要想彻底改变愚昧、贫穷、专制和封建伦理道德的多重压迫与束缚，只有尽快地输入这两位“先生”的新鲜血液，使一直被讥为“东亚病夫”的华夏民族重新站立在世界东方。不然，古老中国的未来命运，仍将是一片渺茫。

当然，古老的中国要去认识“德先生”和“赛先生”，并且要真正地走近他们、拥有他们，还有着漫长和艰辛的路程……

# 6 给叔叔的信

日子一天天流逝。世界在静静地等待着小伯吹的成长。

就在小伯吹休学在家的这段日子里，他家的生活又出现了新的困境。

原来，爸爸在南翔布店工作时，有一位上海的挚友，名叫金玉叔。金玉叔有个弟弟叫金季聪，当时正在山东历城县城担任官职。金玉叔也是出于好意，就约了陈文乔等几个好朋友，一起去了山东历城，想在金季聪手下寻个差事做。

这在当时也算是常理，事情一旦成了，爸爸的收入肯定会比在镇上的小布店当小职员要好得多。

可是，万万没有想到的是，爸爸跟着金玉叔他们一去就是将近半年的时日，而且杳无音信。

这可把妈妈急坏了，也让全家人等苦了！

要知道，这一家人，有好几个正在长身体的孩子要养活，爸爸本来就十分微薄的收入又突然中断了，全家人的生活困境就可想而知了。

半年的时间里，一家人经常断炊且不说，有时候只能靠捡些人家丢弃的老菜叶过活，或者用清水煮点萝卜干给孩子们充饥。

小伯吹记得，那时候十天当中，总有四五天要饿肚子，早晨能喝上一点黄米粥，就算是很奢侈的享受了。

这样的苦日子实在撑不下去了。再这样苦熬下去，孩子们就得活活饿死了。而这时，爸爸仍然杳无音信。

无奈之下，妈妈想到了在上海一家洋行工作的小叔子，也就是小伯吹的三叔。

妈妈让小伯吹给三叔写信，希望三叔能接济一下，这或许还算是一根“救命稻草”。

可是，小伯吹按照妈妈的意思，一连给三叔去了两封信，苦苦等了好多天，还是一点音讯都没有。

妈妈心存希望，只好又吩咐小伯吹说：“雷宝，也许是信寄丢了吧？你三叔压根就没有收到？再写一封吧！”

这时候，小伯吹的少年自尊心上来了，没好气地说道：“不写了！三叔根本就不想管我们！大家都饿死算了！”

“雷宝，可不能这么想！你们兄妹还都这么小……还是再写一封吧，这是唯一的办法了。”

小伯吹实在不忍看到妈妈愁容满面的样子，就只好铺开信纸，又给三叔写了一封求救信。

信写完了，妈妈还特意让小伯吹读给她听听。

小伯吹轻轻念道：

三叔父：

前上两函，不知您看到了不？老是盼不到回音，母亲是眼也望穿了。

父亲远去山东历城，于今已半载多了。他决不是不顾念我们，因为他是那样仁慈的呀！或许至今仍然找不到事情做，所以不能把空信给我们。

三叔父啊！现在我们的生活是多么困窘呀！在我这枝笨拙的笔下也写不出来；纵然能写，又何忍去写？只要一想起家中这样清苦的生活，我便不管在家中，在校里，在街头，会情不自禁地泫然而泣。

三叔父啊！您每月能赚百块以外的钱，堂弟妹真幸福呢！您再也不会知道我同宽弟是挨了饿上学的。母亲不忍听着弟妹的啼饥号寒，终于要我写着这第三封信给您。她说：“希望您能寄十块钱来，救救燃眉之急，真心感激不尽。”

纸写完了，家里没有信笺，又没有钱去买。恕我不恭。

祝福您！

您的侄儿 雷上

婶母及堂弟妹前请安道候！

当小伯吹念着这封情真意切的求救书信的时候，妈妈的眼泪已经扑扑簌簌地流得擦也擦不完了。

“我家雷宝真长大了，能体谅到妈妈的心了！”妈妈说，“就这样吧，你赶紧给你三叔寄去吧！”

“阿妈，寄信还要付邮资的。”

妈妈赶紧从包袱里取出几个刚刚做好的女红，说：“这是阿妈花了两天时间做出来的，赶紧拿去当了吧，能不能当出邮资呢？”

“估计够了。”

小伯吹刚要转身，妈妈又叮嘱说：“你去找一个民局[1]寄

---

[1] 民局是由商店代办的邮寄点，邮资比邮局低一些。——作者注（除特殊说明外，本书注释均为作者注。）

信，听说民局的邮资便宜一点，能省下一个铜板也好。”

小伯吹含着眼泪朝小镇上的当铺跑去……

等啊盼啊，过了好些日子，终于盼到了三叔的回信。

当妈妈收到这封书信时，可以想见，她心里是怀着多大的希望啊！

妈妈迫不及待地把书信交给小伯吹，小伯吹连忙给妈妈念道：

雷侄：

信是都看到了，三封，没有错。至于要我寄钱一事，自然，如果我有余钱，极应该帮忙，我们又非陌路人。怎奈我手头也十分拮据，所谓“爱莫能助”，“力不从心”，请在你母亲面前婉言转达。等我宽裕时，立即寄来。此复。

祝阖家安好！

你的叔父

读完了信，无论是妈妈还是小伯吹，都从心底里感到了深深的悲凉和失望。

妈妈欲哭无泪。小伯吹更是在心里狠狠地对自己说道：“真是活该啊！让你这么没有骨气！写了第一封、第二封还嫌不够，还要写第三封！现在好了，你该懂得什么叫‘世态炎凉’了吧！”

他怕妈妈受不住这份悲凉，当然没有说出来，只是在心里这样想、这样说道。

这一刻的记忆和感受，就像一把刀子在少年陈伯吹的心上刻下了一道深深的刻痕，让他终生难忘。

三天之后，几乎已经处在绝望中的妈妈，又接到了一封远方来信。

妈妈以为，兴许是三叔手头宽裕了，这么快就寄钱来了？

小伯吹拆开信一看，原来是爸爸写回来的！

爸爸在信中写道：

雷儿：

来鲁已半载，事情尚无眉目，信中焦急异常。家中苦况。我亦深知，想寄家用，囊空如洗。而我在此间，亦极清苦，日食麦饼两块而已。唯体颇健，堪慰家人。家中大小均安否？念甚！盼告我！汝母前转告善自珍摄！

父示

爸爸的来信虽然也没有给妈妈和小伯吹带来什么救急的希望，但是毕竟有了爸爸的音讯了，一家人总算可以放下一直悬望着的心了。

不久，爸爸就和金玉叔他们垂头丧气地从山东回到宝山。

也就是说，爸爸的这次外出闯荡，一无所获，以失败告终了。

爸爸回来后，仍然回到南翔那家布店做小职员，一家人继续过着清苦的日子。虽然几乎天天处在饥饿的边缘，但一家人终究是团聚了。

经历了这次波折，小伯吹觉得自己已经长大了许多。不公平的世道和命运，尤其是亲身体会了世态炎凉，让这个小小少年比同龄孩子更加成熟了……

# 7 童年骊歌

爸爸回来了，一家人好像又有了坚实的依靠，妈妈的心中也重新燃起了希望。在小伯吹的心中，当然也有了新的信念。

这时候，他的脚伤已经痊愈了，他还奋发图强，坚持自修，终于修完了小学的课程，一点也没有落下。

当他像一只失群的小雁，重新找到雁群，再次回到小学课堂的时候，他的同学、老师和校长，都向他竖起了大拇指。

我们在前面看到了他写给叔叔的那封信。

如果说，这也是一篇作文的话，相信每一个读了这封信的人都会觉得，这是一篇多么感人肺腑、情理并茂的作文啊！

从这封书信里，我们可以看到，陈伯吹小小年纪，就有了相当出色的文字表达能力。

大诗人苏东坡说过："人生识字忧患始"。意思是说：人的一生所能体会的忧愁、苦难，是从识字开始的。因为一个人念书识字以后，就会慢慢增长见识，开阔视野，看到越来越多的世事，也就会有更多的忧患意识了。

对少年陈伯吹来说也是这样，他的忧患意识随着识字、作文的增多，也越来越多了。

他在高等小学就读的时候，经常要学习写作文。作文课一般是两周一次，作文题目常常是李墨浓校长亲自出的。

小伯吹很喜欢写作文。有一次，李校长出的一篇作文题目是《呵冬作文记》。这个“呵”字倒是很有点气派，大约含有不畏严寒、笑对严冬的意思。

小伯吹这次作文写得很“切题”，而且写出了一种不畏冬天、“梅花香自苦寒来”的乐观向上的态度。

他还在作文里写出了“虽曰寒消九九，偏觉寒酿重重”这样颇带傲然骨气的对句，赢得了李校长和国语老师们的赞赏。

这次作文，他得了全班第一。这个对句，也被同学们传诵一时。

当时，这所小学里有一位教历史的老师，名叫潘赋涛。潘老师教学认真，又喜欢“诲人不倦”。每天早晨，他就早早地搬上一只小凳子，坐在学校门口，即每个小学生进校的必经之路上，让每一个学生先背诵一段《古文观止》里的古文，方能进校。

这道“关卡”经常把很多同学拦在校门口，“出尽洋相”，也让不少同学望而生畏、恨不能翻墙而入。

但是小伯吹一点也不害怕潘老师设立的这道“关卡”。相反，他还十分喜欢这位历史老师的举动，甚至每天都有向这位历史老师“挑战”一下的冲动。因为，像《古文观止》《唐诗三百首》之类的书本里的诗文，他大多都能背得滚瓜烂熟，随便哪一段都难不住他。

小伯吹的用功好学，常常让这位历史老师刮目相看。

小伯吹在罗店镇县立第二高等小学前后一共读书五年，中间因为脚伤休学了好长日子，实际上只读了三年。

1919 年夏天，小学毕业的日子到来了。

少年陈伯吹成了该校的第十届毕业生之一。

长亭外，古道边，

芳草碧连天。

晚风拂柳笛声残，

夕阳山外山。

天之涯，地之角，

知交半零落。
一壶浊酒尽余欢，
今宵别梦寒。

长亭外，古道边，
芳草碧连天。
问君此去几时还，
来时莫徘徊。

天之涯，地之角，
知交半零落。
人生难得是欢聚，
唯有别离多。

少年陈伯吹和同学们一起，第一次唱响了童年伤感的骊歌……

李墨浓校长亲自把小学毕业证书交到了这个少年的手中。

李校长用十分赞许的目光望着这个正在成长的少年，轻轻地喊着他亲自给这个孩子起的学名，语气中含着赞赏："陈伯吹……"

回到家里，小伯吹双手把毕业证书交给了妈妈。

妈妈的眼里瞬间涌出了欣喜的泪花。她的眼前好像正清晰地浮现着她的“雷宝”的美好明天！

当时，一个孩子在高等小学毕业了，接着就应该考虑投考新学校的事情了，因为孩子已经完成了学业的第一步。

可是，接下来投考什么样的学校才好呢？

那时候，宝山、嘉定乃至上海周边地方的高小毕业生，最希望投考的一所学校是龙门师范学校。

龙门师范学校的初中部设在上海小西门附近，高中部设在陆家浜路海潮寺隔壁，后来又迁到了吴家巷。这所师范学校曾经闻名一时，后来改名为江苏省立第二师范学校（即今天上海中学前身）。

少年陈伯吹很想投考这所师范学校。

但是，他打听过了，要报考这所学校，需要先交一张正面半身照片。

于是，小伯吹对妈妈说：“阿妈，给我两角钱，我要去照相馆照张相片。”

“雷儿，阿妈哪里拿得出两角钱来啊！再说了，就算你考上这所学堂了，跳进了这个‘龙门’，阿爸和阿妈也供不起你去读这个书啊！”

“阿妈，这个你尽管放心好了，我已经问清楚了，考上龙门师范后，不用交学费，也不用交伙食费。”

“就算不收学费，不收伙食费，可是，要去上海念书，总得有一身新衣服、新被褥吧？总得有一双新鞋子、一个新脸盆吧？……”

小伯吹听妈妈这样一说，顿时默不作声了。

他知道，他想报考龙门师范的梦想，已经不现实了。

小小少年转过身去，背着妈妈，在心里深深地叹息了一声，忍着眼泪走出屋去。

小院子里有一堆还未劈开的木柴。小伯吹忍住眼泪，拿起了斧头，帮妈妈劈这些准备过冬用的木柴。

他用力地抡起斧头，一下一下地劈着木柴，好像在用这种方式一点一点地释放自己内心的委屈和不平……

一双稚嫩的小手不一会儿就磨出了血泡，血泡接着又流出了殷红的鲜血，可是，他一点也不在乎。

和这个少年心中的痛苦与委屈相比，皮肉上的这一点点痛，又算得了什么呢！

一个美好的梦想破灭了。

他仿佛觉得，自己的童年时代应该就此结束了……

# 8 小学徒

有一位诗人这样说过：在每个家庭里的每一个人身上，都隐藏着一种说不出的厌倦感，这种厌倦感使他们总想逃离，过一种属于自己的自由生活。

其实，在少年陈伯吹的心里，也存在着这样一种厌倦感和逃离的渴望。

他后来写的回忆文章《日日夜夜仰望着北斗星》里，披露过这样的心迹：

> 老屋，这一所从祖父手里传下来的老屋，是我的家。我是在这老屋里生下，也在这老屋里长大，然而我不大喜欢这老屋，不光是因为它黑暗空洞，也为的是它让我触景生情，挑逗我许多痛苦，纵令

在先前有时有一些欢乐的情景，到现在也都转变成痛苦的回忆。不过，我一离开它，在外地呆着，不用多久，就又想起了老屋，仍然恋恋于它；它正像我怀念、仰慕着不曾见过面的祖父一样。

遗憾的是当年祖父离开人世时，我的父亲也还只有九岁，而且第二年即被亲族送往南翔镇布店里当学徒。他既没有能力为祖父留下一张照片，又不可能把祖父的音容笑貌讲出来，我只能苦苦地冥想着祖父的形象，想见老祖父在这老屋里的炕床上躺着,在书房里看书,在天井里栽花,在客堂里踱步……多么使人惊喜，令人又亲又慕的神秘的形象！偶尔听得母亲说过一次，“你祖父是种桑养蚕的。”这也是她从我外祖父那里听来的。那么，这老屋很可能是生产劳动所收获的果实。

不喜欢老屋，而又常常回到老屋里来，这不知又是一种什么样的矛盾心理。

我俯伏在黑暗的书房里的桌子上，抬不起头来，兀自听着客堂里长台上老自鸣钟的摆的声响，滴答！滴答！……蓦地里听到鸱鸮凄厉的怪叫，令人毛骨悚然，我惊骇着了，我闭着眼睛，面前，乱飞乱舞着星星的幽光，上下左右，像夏夜里在门外乘凉时看到的萤火虫，一闪一亮，勾引我，促使我昏昏沉沉地回想起往事来了——

那年是我第一次离开老屋，去到海滨的宝山上学……

从这段文字里，我们似乎能感觉到这个少年渴望飞出低暗和沉闷的、“长日幽幽、暗淡无光”的老屋，去寻找一个新的阔大天地的渴求。

在小学毕业之后、想投考龙门师范的梦想落空的那段日子里，这个本来就少言寡语的少年，变得更加沉默了。

他每天只是默默地帮妈妈做一些家务，脸上很少出现笑容。他的心上，压着无法说出的忧愁和心事。

妈妈把这一切都看在眼里。她心疼自己的儿子，可是又无能为力。妈妈那无助的叹息，甚至难受的抽泣声，只在深夜里独自咀嚼。

这一天，妈妈把他叫到身边，疼爱地说道：“雷儿，这样下去可不是个办法哪！阿妈真担心你会憋出病来！听阿妈的话，还是出去挣口饭吃吧。”

原来，爸爸在离罗店镇不远的刘行镇上，给少年陈伯吹谋了个当小学徒的差事。

刘行镇的白荡桥那边，有一个名叫“永鑫南货店”的小店铺，卖的是一些日用杂货。

十四岁的陈伯吹，走进这个小杂货铺，当了一名小学徒。

他每天要干的活儿就是把老板从外面进回来的各种货物，一箱箱、一捆捆地搬进小铺子，然后码放好、摆整齐。

小店铺比较忙碌的时候，他还要里里外外地招呼顾客。

事情虽然不需要多大力气，但是对瘦小体弱的少年陈伯吹来说，一天下来还是有点吃不消。

更何况，他的心思根本就没放在当小学徒上。

一有点空闲时间，他就躲在一边看书，看着看着就忘记了老板吩咐的事情，有时惹得老板生起了闷气。

店铺的老板名叫陈竹寿，也是罗店人，人并不刻薄，但是三个月试用下来，他也明白了，陈文乔的这个儿子，并不适合当小学徒。

他找到陈文乔，苦笑着说道：“文乔兄弟，我看你家大公子，终究还是读书的材料，不是学做生意的人，让他在小店当学徒，真是屈了大才了！我看你还是领回去另想出路吧！”

就这样，少年陈伯吹在当了三个月的杂货铺小学徒之后，又回到了罗店家中。

当不成小学徒了，也算是一件值得庆幸的事吧。

设想一下，如果这次他真的把小学徒一直当下去了，那他未来的道路说不定就跟他当了一辈子店铺小职员的父亲一样了。那么，未来的中国，岂不是就少了一位儿童文学家和儿童教育家？

在离开“永鑫南货店”之后，对做生意仍不死心的父亲，又托付邻居，给自己的儿子找到了一个新的门路：到上海新闸路桥下的“大同南货店”，继续当一名小学徒。

不过，这一次，任凭父母亲左说右说，少年陈伯吹坚决不从。

他对当小学徒、学做生意，实在是毫无兴趣。

但是，他是一个一向就很听话的孩子，又是家中的长子，哪能那么执拗呢！

于是，他想到了一个说服父亲的主意。

有一天，他模仿白居易写的《长恨歌》的句式，写了一首比较长的诗歌，诉说了自己心中的志向和希望，然后悄悄放进了父亲的抽屉里。

他把《长恨歌》中的句子“杨家有女初长成，养在深闺人未识”，改写成了“陈家有儿初长成，向往读书求不得”……他想用这种比较温和的方式，让父亲理解他心中的所思所想，能够应允他不再让他去当什么小学徒。

这一招果然奏效。

父亲看到了他的诗歌，一下子就明白了，儿子的志向根本就不在学做生意，“强扭的瓜不甜”。

幸好陈文乔是一个懂得一些诗文和比较开明的父亲。他只好独自叹叹气、摇摇头，从此就彻底打消了让儿子去当学徒的念头。

至此，少年陈伯吹算是摆脱了当小学徒的命运。

可是，他没有想到的是，他非常和睦、亲密的手足弟弟汝宽，正是因为听从了父亲的安排，12 岁就出去当了一名童工式的小学徒，不久就在小小年纪患上了肺病，仅仅三年之后，就不幸夭折了！

弟弟汝宽的夭折，使少年陈伯吹又一次尝到了人生苦痛的滋味，他的心仿佛又被命运狠狠地戳了一刀。

他甚至在很长时间里，心里一直深深自责，觉得是自己因为拒绝去当小学徒，而把家中的不幸转嫁给弟弟汝宽了。

他在回忆童年的散文《日日夜夜仰望着北斗星》里，写到了他对汝宽弟弟的这种内疚。

他说，他和汝宽弟弟是从小一同在老屋里“衔着苦杯长大起来的”，汝宽为了减轻家里的负担，十二岁就出去当小学徒，“是贫穷的家庭损害了他，是冷酷的社会折磨了他”！

他在文章里这样记录下了他最后一次回家看望汝宽弟弟的情景：

> 我紧一步靠拢宽弟的病榻，握着他枯瘦如柴的手，热度很高，连手掌心也发烫了，意识到他病情已经十分严重，一股辛酸涌上心头。我抑制住了几乎抑制不住的悲痛，强作笑颜地说了几句安慰的话。
>
> “弟，别心焦！好好地疗养，病会好的。”
>
> ……我终于不能不站起来，走到东窗口去，偷偷地弹泪，又怕会勾起母亲和弟妹们的悲痛，转过身去，慢慢地踱到楼梯口，再慢慢地一步一步走下楼梯，穿过空空洞洞的客堂，走进黑黝黝的书房，一个人悄然地独坐在里面……

当时，他的父亲已经不在了。他是家中的长子，是家里的顶梁柱，不难想象，他正承受着心如刀绞般的悲痛，却又不能在同样悲苦的母亲和年幼的弟妹们面前表露出来。他只能默默地压抑着自己，无言地承受着家中接二连三遭遇的不幸……

# 9 乌篷船上

乌篷船，是江南水乡随处可见的一种水上交通工具。小小的乌篷船通身漆黑，驾驶方式也十分独特，多是“手划脚蹬”，所以罗店人也把绍兴乌篷船叫作“脚划船”。

乌篷船划过一条条江南水巷，是一道意态怡然、韵味悠长的流动风景，暗合着一种生命的熨帖与平实，也让人感到心灵的润泽与宁静。

小巷两边的青灰色屋顶上，古老而整齐的瓦片缝隙里，长满了金色的、安静的瓦松。瓦片之间仿佛凝固着往昔时光里斑驳的残梦。那交错相映的双拱石桥，精致而又历尽沧桑。岁月的脚步从一座座老桥上轻轻迈过，时光的流水从一座座老桥下缓缓远去；浣衣和淘米的女子永远是那样温婉和妩媚。浅浅的小船来来往往，载着欢乐，也载着艰辛，载着一代代人对幸福生活的期待与畅想。

一条条水巷永远和浓浓的乡愁连在一起。“小楼一夜听春雨，深巷明朝卖杏花”，这是诗人陆游梦里的乡思；“撑着油纸伞，独自/彷徨在悠长，悠长/又寂寥的雨巷，我希望逢着/一个丁香一样的/结着愁怨的姑娘……”这是诗人戴望舒所幻想过的心灵的故乡。

江南水巷宁静淡泊，寂然无声，却又独具浓重的沧桑气息，就像一位历尽了艰辛、阅透了世事的老人。

“摇啊摇，摇到外婆桥……”曾经有多少文人墨客和离乡游子，都蘸着梦里的江南烟雨，描画过他们心中的江南。他们在自己的文字和画卷里，深情地描画过美丽的江南。

老去的只是时间。一代代小巷人家的欢乐与忧伤、希望与梦想，薪火相传，绵延不断……

1919年10月的一天，少年陈伯吹和他的同班同学郁云来一起，从罗店码头登上了一条小小的乌篷船，沿着荻泾、薀藻浜、季家桥……这些水乡浜镇一路划过，四个小时之后，两个少年到达了吴淞镇。

然后，二人上岸改乘淞沪铁路的小火车，去了大上海。

两个少年此番暂离家乡小镇，是为了谋求各自的前程。

原来，不久前，罗店二小的校长陈祖楫先生，一直对少年陈伯吹的前程很是关心，觉得这个孩子是个可造之才，应该尽早找到一个适合他的、将来可以舞文弄墨的职业才好，可不要蹉跎了少年岁月。

当他看到报纸上登载了一则招考广告——赫赫有名的中华书局正在招收练习生时，他马上想到了小伯吹，就赶紧替他报了名，顺带着也给镇上另一个他比较看好的少年郁云来报了名。

意想不到的是，中华书局很快就寄来了通知，让两个少年去上海应试。

喜从天降。两个少年怀揣着美丽的梦想，神采飞扬地赶紧出发，一路上，一边欣赏着美丽的江南秋色，一边兴致勃勃地憧憬着、谈论着各自的未来……

然而，两个少年终究是第一次出远门。大上海那么大，而他们那么小！一进入这个繁华的大都市，两个少年就分不清东西南北了，只顾着“白相”[1]大上海应接不暇的光景了。

当时，郁云来的父亲正在上海“跑单帮”[2]。他接到这两个从罗店来的“小赤佬”[3]之后，先把他们安顿在中虹桥的一

[1]“白相”是方言，游览、玩耍、看光景的意思。

[2]“跑单帮”是旧时对从事异地贩运的小本生意人的称呼。旧时交通不便，商品流通很大程度上有赖于“跑单帮”的辛勤劳动。

[3]“小赤佬”是方言，这里指一无所有的穷孩子。

家酱油店的阁楼上住了一晚，第二天又带着两个第一次来到上海的“小赤佬”到处走了走，目的是让他们“开开眼”。

大上海的一切，真的是让两个少年“开了眼”。

让陈伯吹特别难忘的是，除了那些摩天大楼和来来往往的有轨电车、跑得极快的黄包车……还有黄浦江边到处停泊着的外国轮船。

那些轮船，一看就知道是外国人的，因为上面挂满了星条旗、米字旗、三色旗、太阳旗……

为什么没有挂我们自己的中国国旗的轮船呢?

为什么这些外国的大轮船可以在黄浦江上耀武扬威地穿来穿去呢?

还有那些穿着水兵服的外国水兵，有的手里拿着喝了一半的啤酒瓶子，放肆地大笑着，横冲直撞地在人群里穿行，所有的中国人见了，都赶紧躲闪到一边……

此情此景，少年陈伯吹都看在了眼里。

他悄悄地对郁云来说：“以前李校长说过，上海滩是外国冒险家的乐园，说得一点也不错呀！”

郁云来说：“那些外国大兵，一个个都像螃蟹一样，横着走路！太可恶了！”

“走吧，先找到中华书局的门面，免得耽误了应考的大事。”

陈伯吹对郁云来说，“等我们两个考上了练习生，就有的是时间把上海看个够了！”

当时，上海中华书局设在福州路上，他们转了好几次车，终于按照通知书上的地址找到了这里。

考试时，中华书局经理陆费逵亲自主考。

除了考作文、珠算，还有口试。

郁云来的珠算又快又准，很顺利地就考过了。

轮到陈伯吹时，作文、珠算也都顺利地通过了。接着，陆经理开始对这个少年进行口试。

陆费逵问道：“你的作文中有‘一齐人傅之，众楚人咻之’两句话，你能说出此两句话的出处吗？”

陈伯吹回答说：“出自《孟子》。”

“那么，这两句话说的是什么意思呢？”

“意思是说：虽然你让一个齐国人来辅导（他），但是他的周围有一群楚国人在干扰（他）。有个成语叫‘齐傅楚咻’，比喻势单力薄，支持他的人很少。这个成语就源自这两句话。”

听到这里，陆费逵脸上露出了一丝喜悦。

陈伯吹看在眼里，心里暗暗得意，觉得没准儿有希望了。

可是不曾想到，陆经理接下来的话，却像是给他当头泼了一瓢冷水：“你考试的成绩是没有问题的，可惜你的人太矮小了，站在柜台旁，恐怕还够不到架设在空中的输送机器。”

原来，到中华书局做练习生，是要操作输送机器的。所谓输送机器，是指当时在书局的车间里，相关票据、钱币、账本等，都要依靠架在空中的铁丝上的弹簧夹子来回输送，这样可以节省更多的人力。

“先生，我的个子每年都会长的，请让我留下试试吧！”少年陈伯吹真诚地央求道。

“对不起，你看上去还是个小孩，还是先回去，等过两年再来报考吧。”

就这样，本来是乘兴而来、意气风发的少年，美好的希望瞬间又化成了泡影！

尽管一同来的那位同学、已经被中华书局录取的郁云来不断地安慰他，但是陈伯吹的心里还是冰凉冰凉的。

他带着满腔的失望、委屈和自卑，又独自乘上了一只乌篷船，闷闷不乐地回到了罗店。

江南水乡的人们把在夜晚行驶的乌篷船又称作“夜航船”。

夜航船在冷清的黑夜里无声地划动着。

更加冷清的是少年那一颗失望的心。

在越来越黑的夜色里，听着脚下单调的水流声，少年陈伯吹的眼里无声地溢出委屈和悲伤的泪水……

这时候，在他的眼前，还不时地闪过他在吴淞镇上看到的一幕：一些正在吴淞镇上的同济大学、中国公学、水产学院等高等学府读书的大学生们，个个胸前佩戴着闪亮的校徽，有说有笑地走过小小少年的身旁，看上去是那么骄傲和自信……

少年陈伯吹当时就在心里想象：假如有一天，我也能佩戴这样的大学校徽，也能像这些大哥哥、大姐姐一样，成为一名“天之骄子”般的大学生，该有多么好啊！

此刻，又被冰冷的现实生活给了重重一击的少年陈伯吹，坐在小小的、夜航中的乌篷船上，在心里暗暗发誓：“等着我吧，上海，我还会回来的！一定……”

# 10 寄宿生

夏天悄悄地远去了。大雁在高高的云天上，展着翅子高唱着，好像在告诉人们说：秋天来了……

菖蒲、红蓼、白荻和风信子，以及许多枫树、松树、山毛榉和乌桕树，都在用纷纷的落英对人们说：秋风起了，我们都不能不回归我们应该去的地方了……

稻谷都收割了，田野上弥漫着稻草的芬芳。一些白嘴鸦落在小稻草人身上，就像从异乡归来的游子，在倾诉着自己深挚的乡愁。

拾穗自然就是老人们的事了。其实他们哪里是在拾穗啊！远远看去，他们就像在背负着年轻人，向仁慈、宽厚的大地母亲深深地鞠躬；当他们直起身来，又好像在为下一代人默默地做着虔诚的祈求……

1919年秋日里的一天，少年陈伯吹正在小镇郊外的田野上一边溜达一边想着，如果自己再找不到什么机会出去念书或工作，就干脆横下一条心，在家乡的土地上做一个自食其力的劳动者吧！

他看到了正在不远处的田野上埋头拾穗的一位老人，那么专心的样子，让他十分感动。他觉得做一个自食其力的劳动者，也没有什么不好，只要能帮上辛苦的爸爸妈妈一点忙，就是再苦再累也不怕……

就在他这样想着的时候，一个小伙伴急匆匆地从远处跑来，大声地喊道："雷宝，雷宝，我可找到你了！好消息！告诉你一个好消息……"

原来，还是那位好心的陈祖楫校长，又探听到了一个消息，就赶紧派人四处寻找陈伯吹，让他尽快到他那里去一趟。

陈伯吹气喘吁吁地跑到了陈校长那里："陈先生，是不是中华书局同意要我了？"

陈校长说："兴许比去中华书局当练习生更有前程呢！我听说，县里新办了一所师范讲习所，正在招生，高小毕业生可以报名，学习期限是两年，毕业后就可以去当小学教员。我想你应该去试试！"

陈伯吹听了，敏感地问道："他们没有年龄限制吗？"

陈校长说："倒是也有年龄限制，他们要求考生的年龄至少 18 岁。"

"那……我又没什么机会了。"陈伯吹一听，神色黯淡地说道。

"这个不怕！"陈校长说，"年龄问题，我帮你考虑过了，我可以给你写一份证明书，证明你已经年满 18 岁了。你要知道，机不可失、失不再来啊！"

就这样，少年陈伯吹抓住机会，前去应考，终于绝处逢生，重新获得了一次上学念书的机会。

他考入的这个讲习所，全称叫"宝山县甲种师范讲习所"，校址设在宝山县城文昌庙里，是一个规模很小的师范学校，只有一间教室，一间办公室，一个小食堂，另有四小间学生宿舍，全是简陋的平房。招来的五十几个学生，全是宝山县属各个村镇来的贫寒子弟，而且都是寄宿生。

开学那天，校长管城先生语重心长地对学生们说：六七年前，宝山县曾经创办过一届师范讲习班，但是因为时局动荡，师资力量也不够，就停办了。现在重新招收新一届学生，是为了给宝山这片乡土保存一点文化和"读书种子"，是造福一方的大好事！所以说，你们这一届学子，都是宝山的"读书种子"，是宝山的"一代文脉"，你们承续着宝山这片土地的教育火种……

这位管校长的开学致辞讲得很是生动，富有激情，听得陈伯吹心里热乎乎的。后来他慢慢知道了，原来这位管校长真是一个不简单的人！他曾经是北京师范大学附属小学的主事（校长），是孙中山担任临时大总统时的教育次长、有名的教育家袁希涛（观澜）先生的高足，多年来致力小学基础教育。新文化运动和五四运动之后，管校长更加感到了推行小学基础教育，传播新思想、新文化的重要性和紧迫性，所以就从北京回到宝山家乡，续办师范讲习所，继续他教育救国的梦想。

艰难困苦，玉汝于成。少年陈伯吹在这里度过了清苦而充实的两年学习生活，也奠定了他日后成为一名小学教员，成为一名儿童教育家的职业基础。

在来师范讲习所上学那天，还发生了这样一件事情：

当时学校规定，入学时每个寄宿生要交五元钱的保证金。

爸爸二话没说，到一个家境还算殷实的亲戚金湘泉公公那里借来了五元钱，交给了儿子。

可是，第二天临走时，陈伯吹却忘记把这五元钱带走了。也许是他实在不忍给家里增添额外的债务负担，故意留下的。

等陈伯吹走出去好远了，妈妈才突然发现这五元钱还留在家里。没有这五元钱交给学校，儿子入不了学，那可怎么办？

妈妈想到这里，急得不得了，拿起钱就去追赶儿子。一直追了好几里地，才在一位正在田野里耕种的农人的帮助下，终于追上了儿子。

陈伯吹见妈妈跑得满脸汗水、气喘吁吁，泪水顿时噙满了眼眶。

妈妈责怪他说："怎么这么粗心啊？不带上钱，学堂怎么会让你入学呢！"

陈伯吹只好默默地、满脸惭愧地接过了妈妈递过来的、早已沾满了手心攥出的汗水的五元钱。

在他内心里，他真是不忍拿走这沉甸甸的五元钱啊！要知道，这将是压在爸爸妈妈身上的又一笔债务啊！

这件事，让少年陈伯吹在心里思忖和难受了好长时间，觉得自己连累了家人。

后来他把这件事写在一篇题为《伟大的恩惠》的散文里，作为永久的纪念。到了晚年，他又在一篇怀念母亲的散文《思亲寸草心》里，再次写到当年的情景，并且引用了冰心诗集《繁星》里的一首小诗，表达了自己对母亲的敬爱：

母亲呵！

天上的风雨来了，

　　　　鸟儿躲到它的巢里；

心中的风雨来了，

　　　　我只躲到你的怀里。

（《繁星·一五九》）

正是因为心里时刻装着对亲人们的感恩，装着亲人们的殷切期望，陈伯吹十分珍惜在师范讲习所读书学习的机会，鸡鸣风雨，晨钟暮鼓，不敢稍怠。

教国语的周望（梅初）先生，是新文化运动和五四运动的积极拥护者。他摒弃了所有类似八股文的陈词滥调，全力提倡学生用白话文写作文。

有一次，周先生出了一个作文题目《海塘游记》，一位比陈伯吹年龄稍大的同学在作文开头用骈体文句式写道："出此门而徐行，登海塘而远眺……"

陈伯吹和同学们都认为，这样的句子很有"文采"，显示了一种古文修养，不料周先生却在这篇作文的末尾给了这样的批语："八股腔调，读之昏闷。"

这个批语给少年陈伯吹留下了极其深刻的印象，使他慢慢明白，新文化运动所提倡的白话文必须去除一切八股文腔调，追求清新、晓畅的口语之美。

为了开阔学生们的视界，周先生还精心选择了法国哲学家孟德斯鸠的《法意》、笛卡尔的《方法论》等西方哲学思想著作的白话文译本，作为国语教材；有时也把一些新思潮、新科学的内容，介绍给学生们，让学生们感受到五四运动带来的新思潮和新文化的空气。

有一次，周先生在教室里讲到了近期报纸上刊登的一则科学新闻，说火星上到底有没有人类居住，目前还没有得到明确的证据……

陈伯吹听了之后，在自己的日记里写道："如果在喜马拉雅山的顶峰上，用最强烈的电灯光，打出一亮一暗、一长一短的信号，要是火星上也有人，就会和我们地球上的人通讯、打交道，说不定他们还会到地球上来呢！"

周先生看到这则日记后，十分欣喜，夸赞陈伯吹的想象力丰富，而且是一种"科学幻想"。他在陈伯吹的日记簿上写下了这样的批语："小时候有理想，大起来有希望。"

陈伯吹后来成了儿童文学作家，为孩子们写了不少科学幻想和科普著作，也许跟这时候他渐渐生出的对科学知识、科学幻想的浓厚兴趣不无关系。

# 11 告别老屋

少年陈伯吹在宝山县甲种师范讲习所学习期间，有一天突然接到了家里来的一封信，信上说，因为生活窘迫，爸爸要把祖居的那栋老屋典押出去，抵还债务，全家将要搬到南翔去……

这封信让陈伯吹感到十分沉重和不安。

他连忙跟校长请了假，步行三十五六里路赶回了罗店老家。

这次典押老屋，举家搬离罗店，就像从熟悉的土地和田园里生生拔出了自己的根，让已经懂得世事的少年陈伯吹，又经历了一次心灵的重击。

他后来在回忆文章《日日夜夜仰望着北斗星》里，细致地抒写了自己数次告别老屋时的情景，也写到了全家人依依不舍地告别罗店，登上驶往南翔的乌篷船，父母亲和弟弟妹妹都忍不住掩面而泣的那种痛彻与茫然……

虽然我对于老屋的印象不佳，但有时候也觉得它很可爱。否则，为什么一离开老屋久了，老是常常惦念着它，情不自禁地会跑回来一再投入它的怀抱呢？……

……在我小小的心灵里，不知道是挂念父亲还是挂念老屋，大概是想到了父亲，就想到了老屋，想到了老屋，也就想到了独个儿留守在老屋里的父亲。我常常痴痴地、呆呆地立在一株高耸入云的老银杏树下，好长一会儿凝望着远处笼罩在烟雾中的一片云和树，"白云生处有人家"地那样想象着，认为我的家就在那里了，却又可望而不可即，只好向它依依地投掷不尽的思念！

…………

老屋……记录了我们一家人穷愁潦倒、颠沛流离的苦难，其中也记载着我的铅色的童年。……

熟悉的故园离自己渐渐遥远和模糊了……

时光也像默默无语的江水在身边流淌，不舍昼夜……

陈伯吹在师范讲习所不知不觉地度过了一年半，也就是三个学期的学习生活了。

最后的半年，即第四个学期里，是学生们实习的日子。

带实习班的一位指导老师叫朱敬之，他给学生们讲授《教材教法》。

有一次，朱老师带领毕业班的学生在上海旦华小学实习。

这所小学是当时上海十分有名的一所小学，不仅学校规模大，师资力量和教学设备也令人钦羡。

朱老师分配给陈伯吹的实习任务是：观摩“怎样上国语课”。

当时，旦华小学的一位国语老师上的观摩课的课文叫《小鼓》，故事讲的是一个猎人上山打猎，遇到了一只老虎……

这个猎人是个胆小鬼，一看到老虎就吓得抱头逃窜，逃进了一座荒庙里，躲藏在一面小鼓的后面。老虎追来后，看不到猎人，就在荒庙里四处寻觅。老虎闻到了小鼓后面有人的气味，就用爪子去抓鼓面。就在这万分紧急的时刻，胆小的猎人想，与其这样白白被老虎吃掉，不如豁出性命和老虎勇敢地搏斗一场……

故事的结局是：猎人凭借自己的勇气战胜了老虎……

讲课的老师把这个带有童话色彩的故事讲得绘声绘色，

小学生们也听得津津有味。应该说，这种方法在当时还是比较新颖有趣的。

陈伯吹听完了这堂课后，还觉得意犹未尽。

他认为这种教学法还可以再往前走一步。怎么走呢？他根据《小鼓》的故事情节，把这堂课改编成了一堂童话独幕剧表演课。轮到他给小学生们上课时，他大胆地让学生们承担不同的角色，站在讲台上表演了起来……

因为是第一次上台给学生讲课，他怕自己临场胆怯，事先还准备了一副墨镜。讲课时，墨镜果然派上了用场。

陈伯吹的这堂童话独幕剧创意课，受到了老师和同学们一致的欢迎，也为他两年的师范讲习所生活画上了一个圆满的句号。

实习结束后，毕业的日子到来了。

他的成绩由两年前刚考进学校时的第 29 名，上升到了第 16 名。

别离的日子很快到来了。全班五十几个毕业生，就像管城校长所期许的“读书种子”一样，将要播散到宝山各地。

陈伯吹被分配到宝山县杨行乡立第六国民学校朱家宅小学任教员。

……

东望扶桑臂一振，

同种文明进；

愿我黄帝之子孙，

及今都自奋。

……

毕业的时候，陈伯吹想到自己即将开始小学教员的生涯了，不禁一阵激动，就小声哼唱起了他小学时代唱过的一首校歌。

这首校歌的歌词作者名叫吴邦珍（士翘），是一位著名的教育家，当时任江苏省教育厅厅长。不久之后，他还为陈伯吹的儿童小说处女作《学校生活记》写了一篇带有鼓励性质的序言。

# 12 乡村小学教师

1922 年的春天，比往年来得似乎要早一些。

早春二月，江南大地上有一些地方乍暖还寒、残雪未消。朱家宅村外的小河畔，柳树已经萌发出了小小的黄芽儿，柳枝在春风里变得那么柔软，好像女孩子们的发辫一样，风儿轻轻一吹，它们就飘飘荡荡起来，婀娜多姿。那些柔软的枝条总是向下垂着，一阵春风吹来，所有的枝条都会随风起舞……

春风最暖，天道酬勤。从立春到雨水，从惊蛰到春分，直到清明和谷雨，春天将沿循着她每一个温润的节气，把甘甜的雨水洒到辽阔的大地上。当温暖的阳光普照大地上的每一片田野，有多少新的生命在等待着耕耘、播撒、萌芽、出土、拔节、扬花、抽穗、灌浆，直至成熟和收获。

这一年，陈伯吹已经16岁了。

他虽然看上去仍然是一个稚气未脱的瘦弱少年，但现在已经是国民小学的一名正式教员了。

朱家宅，又叫朱家寨、朱家楼。像当时江南地区的许多小村庄一样，虽然新世纪的新文化、新思潮已经涌入了这里，但根深蒂固的封建意识和一些旧式的教育观念与门风，依然在小村庄里盛行。村里有不少前清的秀才、举人，仍然在影响着人们的观念。不少所谓的“书香门第”对新式教育仍然心存疑虑，不愿意把自己的下一代送进“洋学堂”，宁愿继续选择上私塾，去学《四书》《五经》之类的古书和蒙学读物。

16岁的陈伯吹只身来到朱家宅国民小学，所面临的就是这样的境况。

朱家宅小学是一所乡立复式、单级国民小学。这是什么意思呢？原来，所谓复式、单级学校，是第一次世界大战中，德国为了适应战时的需要而创立的一种因地制宜、因陋就简的教育模式：校长、教师、校工，都由一个人兼任。

也就是说，陈伯吹来到朱家宅小学，既是校长，又是教员，同时还是一名校工。

那么好吧，反正什么事情都由他一个人出主意，也是他一个人说了算，这样做起事情来反而要简单得多。而且，一个心怀梦想和信念的年轻人，有的是热情和力量，什么事情都想尝试一下。

他先是把小学校的环境从里到外美化了一番：在校园的土墙上张贴上了诸如“一寸光阴一寸金，寸金难买寸光阴”“少壮不努力，老大徒伤悲”之类的励志标语；在教室的墙壁上贴上他亲手画的“悬梁刺股”“凿壁偷光”“囊萤映雪”之类的激励苦学的图画。

在开学的第一堂课上，他还以校长的身份，给全校 30 多个孩子讲了一番开学训词。

他站在一张白木小桌子前，清了清嗓子，大声说道：

同学们：

我们杨行乡立第六国民学校，今天开学了！我衷心欢迎同学们来学习新知识，接受新教育。

我们的新学校里开设的课程，有国语、常识、算术，还有美术、自然知识、世界知识，你们看，这些是不是跟你们在私塾里读的《三字经》、《百家姓》和《千字文》什么的不一样呀？

是的，是不一样的，我过去在私塾里也学过这些。但是，光懂得这些是远远不够的。我们是新时代的儿童，是国家未来的主人。我们要懂得的文化知识，应该比我们的前辈更多、更新、更好才是。

同学们都晓得一个词：学而不厌。这是什么意思呢？就是说，我们求学问，学知识，不应该知足自满，要抱着得寸进寸、得尺进尺的态度。学问浩如烟海，没有止境，如果没有恒心，总是以为自己的学问已经够了，就半途而废，今天来上课，明日又旷课，这样一曝十寒，三天打鱼、两日晒网，我敢说，这是决不会有什么长进的。我要请同学们回家都好好想一想，我说得对不对呀？

同学们，光阴似流水，我们可不能白白地让它流走，而不留下一点痕迹。我们一定要明白一个道理，时乎时乎不再来！就像我们学校墙壁所写的那样：少壮不努力，老大徒伤悲！我很希望每一个同学都能把这句话牢牢记在心头！

是的，光阴好比河中水，只能流去不流回。我们花费了父母、长辈辛苦挣来的银钱，到学校里来求学，除了要懂得珍惜光阴，还要学会专心致志，要用古人“铁棒磨针”的态度和毅力来对待自己的学业。我请你们仔细想一想，是不是这个道理？

陈伯吹当时的开学训词，原话也许不完全是这样的。这里的文字，有一些是苏叔迁先生在他写的那本《陈伯吹传》里“想象”出来的。但是，可以肯定的是，他的训词是按照当时新式教育的要求来讲的。

按照规定，小学开学时，一定还要邀请当地的“校董”参加。朱家宅小学当时的两位“校董”，一位陈先生和一位朱先生，应邀参加了开学典礼，他们都十分赞赏陈伯吹的训词，认为讲得实在，小学生们能够理解，晓畅易记。

效仿当时一些“新法”学堂的风气，陈伯吹还在朱家宅小学开设了音乐课，这是过去私塾里没有的课程。陈伯吹亲自给孩子们选了《葡萄仙子》《麻雀与小孩》《小小画家》等当时流行的儿童歌曲，一句一句地教孩子们唱。

每逢晴朗的天气，他就把孩子们带到户外的小操场上，上体育课。赛跑、踢皮球、踢毽子、跳绳、滚铁环、拔河……小学校里的气氛越来越活跃了。

在朱家宅小学，陈伯吹满怀热情地实践着他的教育梦想，尝试了好几件带有创新性质的事情：

一是把全校三十来个学生，按照年龄和学习程度的不同，分成了一、二、三、四年级，在教学上分别对待，小步走路，循序渐进。

二是把来自周边不同村庄的小学生分成若干小队，上学和放学都排成队伍，唱着歌儿，而且大一点的同学要照顾小同学，大家互相团结，就像一家里的兄弟姐妹一样。

三是在学校里成立了“小学生自治会”，让学生慢慢学会自己管理自己。“小学生自治会”的成员也由学生们自己选举，遇到什么事情大家齐心想办法，鼓励学生们自立、自信、自强。

陈伯吹的这一系列做法，赢得了学生、家长的拥护和上级部门的好评。

三年后的一个秋天，宝山县的一位督学王德昌先生前来朱家宅检查第六国民小学的办学情况。

来朱家宅之前，王督学就已听说这所小学口碑甚好，周围的老百姓原先对这个年轻的教员还心存疑虑，现在都十分乐意把孩子送到这所新式学堂里念书了。

王督学觉得，仅有耳闻还不能说明什么，应该“眼见为实”。所以，他来检查时，事先没有打招呼，而是采取了“微服私访”的方式来到了朱家宅。

在小学校里，王督学仔细地观看了陈伯吹的“十八般武艺”，无论是课堂教学方法、课外活动、校园环境还是校风校纪，果然都不一般。王督学还从一些小学生口中得知：“陈先生对我们可好了！从来不呵斥我们，就像自家的大哥哥一样……”

这一切让王督学甚感欣慰。回到县里后，王督学对朱家宅小学做出了这样的评价：全县新办的乡村国民小学有四五十所，没有一所能与第六国民小学媲美。

为此，县教育局通报表扬了陈伯吹的办学精神。

接着，江苏省教育厅也在全省通报表扬了陈伯吹。

许多年后，陈伯吹在为苏叔迁所著《陈伯吹传》写的序中，忆及他在朱家宅小学的这段乡村小学教学生涯，他这样写道："我尚有这点儿自知之明。我是一个地地道道的在大时代中的小人物：16 岁时当上了乡村单级小学的教师。三年后，以办学成绩优良，获得县与省的传令嘉奖（嘉奖令两状毁于'八·一三'抗日战争中），被提升调任县立小学的教师。按学历论，这是破格的待遇。"

当然，这都是后话了。

陈伯吹在朱家宅小学一干就是七年。

作为一位儿童教育家，他从这所乡村小学起步；作为一位儿童文学家，他的第一篇作品，也是在这所乡村小学里诞生的……

# 13 花与果

夜已经很深很深了……

是的，很深很深了，所有的人都入睡了。

外面寂静无人的街道上不时传来巡夜的警察有节奏的脚步声，还有夜行的车子渐渐远去的车轮声，随后又是一片深沉的静寂……

可是，十二岁的小学生叙利奥还没有睡去。

他是一个贫穷家庭里的孩子，他的父亲是一位辛劳的铁路工人。为了养活一大家人，父亲经常要从别的地方揽些公文回来抄抄写写，每天都要抄写到深夜。最近他又在替一家杂志社抄写订户的姓名住址条子，用大大的正楷字写，每抄写 500 张可以赚六角钱。这个工作使他很劳累，他常在饭桌上向家里的人叹息说：唉！我的眼睛不行了，这样熬夜真会要我的命呢！

父亲的辛劳使小叙利奥心里非常难受。他想，他已经是五年级的学生了，应该帮助父亲做点什么了。于是，每天深夜十二点以后，当父亲抄写累了回到卧室之后，小叙利奥便悄悄地起身，摸着黑走到父亲的书房里，点上煤油灯，模仿父亲的笔迹仔细地抄写那些条子……

他连着抄了好几个夜晚，父亲都没有发觉。只是有一天晚饭时，父亲说：真奇怪，近来灯油突然费多了呢！小叙利奥听了暗暗吃惊，生怕父亲发觉其中的缘由。同时他也很高兴，他帮父亲抄写了很多条子，父亲不仅没发现，反而觉得：我还很能干呢！我的手还灵活，眼睛也还中用呢！瞧，昨天晚上又抄写了这么多，连我自己都有点不相信，我还这么能干呢！

然而，由于长时间熬夜，小叙利奥白天总感到疲倦，晚上做功课也会打瞌睡，学习成绩明显下降了。父亲知道了，便责怪叙利奥。要知道，父亲之所以这样拼命地工作，就是为了让小叙利奥安心念书，好好成长啊！可是小叙利奥却不能对父亲说出实情，只能在心里悄悄地说：啊，父亲，原谅我，原谅我！

这篇题目为《少年笔耕者》的故事，是《爱的教育》这本著名的儿童小说里最为感人的故事之一。许多孩子和大人都知道这个故事，并且为小叙利奥和他的父亲——为这温暖的亲情流下感动的眼泪。

在朱家宅小学任小学教师的日子里，陈伯吹把这篇故事读过很多遍，也给他的学生们讲述过。

每次讲述，他都被故事的主人公小叙利奥深深地感动。

他在晚年还曾回忆说，《爱的教育》里有一句“学校万岁！”过了七十多年之后，这个句子仍然时常涌上他的心头。

除了《爱的教育》里的故事，他在朱家宅小学，还读到了像法国作家卢梭的《爱弥儿》，俄国作家普希金的《渔夫和金鱼的故事》等许多儿童教育故事。

受到这些作品的启发，他就想，什么时候自己也能写一些这样的儿童教育故事呢？

他想的没错。世界上的确有许多儿童文学作家，都是小学教师出身。这似乎也证明了一个道理：儿童文学从来就是和儿童教育密切相关的。

正是在朱家宅小学任教的日子里，这位心地单纯的小学教员，做出了他未来的人生选择，确立了他一生的奋斗目标。

1923 年暑假，他开始创作平生第一部儿童文学作品了。

这是一部中篇儿童小说，他最初给它起的名字叫《模范同学》，后来正式出版时改名为《学校生活记》。

在他刚开始尝试创作儿童文学作品的时候，我们国家最早的两份儿童刊物《小朋友》和《儿童世界》已经在上海创刊了。

其中《小朋友》创刊于 1922 年 4 月，由中华书局出版，第一任主编是黎锦晖，也就是陈伯吹经常教孩子们演唱的那些儿童歌曲《葡萄仙子》《麻雀与小孩》《小小画家》的歌词作者。当然，这时候，陈伯吹怎么也不会想到，许多年之后，他自己也担任了《小朋友》杂志的主编。

另一本儿童刊物《儿童世界》是 1922 年元月创刊的，由上海商务印书馆出版，郑振铎任主编。

因为要经常给学生们讲一些新故事，陈伯吹在朱家宅自费订阅了这两份儿童刊物，每次新刊一到，他就把里面的好故事抄写下来，作为孩子们的课外阅读材料。

当然，这两本刊物上的童话故事、儿童生活故事和一些自然科普文章，也成了他写作的“范本”和“老师”。

1923 年暑假期间，他就像《少年笔耕者》里的那位小抄写员一样，每当夜深人静，他就躲在自己的小房间里，孜孜不倦地笔耕到很晚很晚……

有时候写得太投入了，就忘记了时间，往往写到“不知东方之既白”。

好在他那时候是那么年轻，精力充沛，好像每天都有无限的热情和希望，让他乐在其中，不知疲倦。

他准备了厚厚一大摞 24 开的毛边纸，每天写作至深夜。

从 1923 年暑假开始，陈伯吹坚持写了一年多的时间，写出了四大本书稿，约八万字。

这篇儿童小说的素材，主要来自他在朱家宅小学的生活和教学经历，当然，也来自他自己读小学、读师范讲习所时的生活经历和体验。

许多年后，陈伯吹在《我写作的第一本书——〈学校生活记〉》里，这样回忆了这本处女作创作和出版前后的情景：

> 《学校生活记》的内容，描绘了整个一学年里小学生的学习活动，除了一般机械性的在教室里上课的不写（有特色特点的当然还是要写），却写着愉快的远足，写着《小儿童》周刊的出版，还写到那些演讲会、辩论会、恳亲会和运动会的欢欢喜喜和热气腾腾，写到重阳节的小聚会，写到明媚的春天和夏天的景致，写到图书馆，写到植树节，也写到足球比赛，更写到伤心的 5 月 9 日……主题在于发扬同学间、师生间洋溢着的亲爱精神，同时也突出了

爱国爱家、团结奋斗的教育意义。

他学着《爱的教育》的写法，把感人的故事、儿童教育方法和理念、自己的童年体验和他理想中的乡村小学前景都融合在他所写的故事里，有真实生活的影子，也有合理的想象与虚构。他想在这本小说里，写出他心目中理想的、美好的乡村小学生活“范式”，所以，他把书名定为《模范同学》。

1924 年秋天，这本小说终于写完了。

看着厚厚一大摞用毛笔字写出的清清爽爽的稿子，他的脸上露出了几分喜悦之色。要知道，这是他文学创作的处女作啊!

可是，因为是第一次写作，他还不懂得怎样投稿和出版。

他在《我写作的第一本书——〈学校生活记〉》里回忆说：

写了一年多时间的这册“处女作”，当然是很不完善的,但在我则“敝帚自珍”,用粗布包着这个“婴儿”，在一个深秋的星期日，从杨行乡的朱家宅，去宝山县城里，往返徒步了 40 多里路，送给母校的校长管城（小谷）、国文老师周望（梅初），请求他们审阅斧正。喜出望外的老师们在阅读过以后，认为这个当上年轻教师的毕业生，在条件不算好的乡村小学里工作，生活也并不算好，还能在教学业余时间里写出这部《模范同学》(初稿原名)，是难能可贵的，值得予以鼓励，就由校长请托校董袁希涛(观澜)、朱经农先生转送商务印书馆编译所审读。……

不难想象，这个青年教师，在雨后初晴的天气里，揣着自己的第一本书稿步行四十多里，回到他的师范讲习所母校，把稿子交给管校长和周老师时喜悦和激动的心情。

把稿子交给了两位老师后，他顿时感到轻松了许多。

在这之前，母校的这两位先生都对他的文学才能给予过赞赏和鼓励。他们都对他寄予厚望。

不料就在这个时候，江浙一带开始了军阀混战。

父母亲和家人在南翔镇上不能安生地待下去了，全家人只好逃难到了上海。

他所在的杨行乡立第六国民学校朱家宅小学，也没能躲过这场战乱，不少学生都跟着家人远走外乡，小小校园顿时变得冷冷清清。

朱家宅小学复学已经十分困难了，之前一直看好他、想培养他的宝山县教育局，决定把他从朱家宅调到宝山县立第一小学去当初级部主任。

这是后话了，暂且不说。

他心里当然一直惦记着他写的那本小说。

又过了半年多时间，1925年春天的一天，母校的周望老师突然找到了他，还给他带来了上海商务印书馆寄来的一个包裹。

原来,周望老师把他的《模范同学》推荐给了商务印书馆。

幸运的是，商务印书馆的编辑看完这部稿子后，决定要正式出版它。现在写信给他，是希望他稍作一点修改，把原来的8万字压缩掉2万字，同时再取一个新的书名。

这对陈伯吹来说，简直就是喜从天降!

他怀着对母校老师的感激和对朱家宅小学那几年教书生活的感激，提笔为这本小说添加了一篇散文诗风格的《卷头音》:

蔚蓝的天，碧绿的地；相映多情趣，看着多美丽。

万紫千红的花儿，却又开遍了东西；微风吹起，芬芳四溢。

乐煞了一群小蝶儿，活泼泼地来游戏。

和蔼的太阳，慈爱的月光，亲爱的他俩，游行在青天的中央。

你玩我也玩，你逛我也逛；白白的光，把亲爱遍示世上，留一留榜样。

这篇带有抒情色彩的卷首语，不仅表达了陈伯吹当时无比喜悦的心情，也是对他那段小学教师生活最简洁、最美好的总结与忆念。

两年后，他的这本儿童小说处女作，在商务印书馆正式出版了。

遵照出版社的建议，他把原先的书名《模范同学》改成了《学校生活记》。

让他万分意外和备感荣幸的是，打开新书时，他看到书中又新添了一篇《序言》。《序言》的作者竟然是当时大名鼎鼎的教育家、江苏省教育厅厅长吴邦珍先生。

吴邦珍先生是陈伯吹读小学时唱过的一首校歌的歌词作者，作为省里的教育厅厅长，能给一个并不相识的小学教师的小说习作撰写序言，这是多么不容易的事情！

陈伯吹后来才弄清楚，这是商务印书馆细心的编辑特意出面邀请吴邦珍先生来写序言的。

吴先生在序言里对陈伯吹的这篇小说多有鼓励和肯定，其中有这样的语句：

> 陈君伯吹，执教鞭于县立第一小学，近以历年教学所得，著成《学校生活记》一书。……其内容有社会学，有自然学，有园艺学，有艺术学，有音乐、体育诸学，凡新学制上小学校应有之学科，无不具体而微。能使儿童读之，于课本之外，得无数有系统、有兴味之知识，而于不知不觉间，俾其已见已闻者，更复明确其观念。至其语文之明朗流利，使儿童能得到种种练习及模仿之机会，更为此书之余事矣！

陈伯吹捧着自己的第一本新书，读着教育厅厅长热情的赞语，激动得不知该怎样表达自己的心情。

他深深地呼吸，让自己稍微平静了一点，然后取来毛笔，轻轻地蘸着墨水，在《学校生活记》的扉页上，工工整整地写下了这样一段文字：

> 伯吹自志
>
> 在我那一片荒芜的心田：

花，既不艳；

果，又不甜；

这是结成在十九岁那年！

# 14 尝尽愁滋味

陈伯吹从小就是一个孝顺的孩子。他是家中长子，非常敬爱自己的父母亲，对弟弟妹妹们也呵护有加。

这种珍惜亲情、任劳任怨、宁愿委屈自己也不让家人为难的美德，他一直践行到离开这个世界。

他的第一本书《学校生活记》还没有出版时，就收到了出版社付给他的两百元银洋的稿费。当时,他的父亲正在病中。这些稿费，他自己一分钱也没舍得用，全部寄回了家中。

他后来在回忆文章中这样记述自己在父亲病逝前，来往于学校和家中的辛苦日子："我是负担好几个人生活的人，纵使留恋着家庭里母亲的温暖，弟妹的情谊，也决不能再多逗留一天，何况现在老屋里充塞着冰冷和阴暗呢！虽然曾经想到要和母亲共话，给宽弟看护，为弟妹们督课，最后还是硬着头皮走我的路了。……”

1925年，对于陈伯吹来说，是足令他一夜白头、尝尽人间愁滋味的一年。

春节刚过，他的父亲劳累成疾，得了伤寒。

父亲是家中的顶梁柱，如今一病不起，一家老小本来就困窘不堪的生活，变得更加艰难了。

这一年的暑假，陈伯吹除了勤奋笔耕，就是悉心照料父亲。

有时候，半夜听到父亲难受的咳嗽声，他的心像被人狠狠地揪着一样紧张和难受。他在心里默默地祈求上天：求求你！快点让我阿爸好起来吧！要不你把阿爸的病转移到我的身上，让我代替阿爸承受那些病痛吧！……

然而，上天终究也没有向他伸出援手。

8月24日，正是农历处暑这天，辛劳了半生的父亲没能挺过伤寒的折磨，年仅三十九岁就去世了。

守在父亲的灵柩前，听着母亲和弟弟妹妹们悲恸的哭声，他心如刀绞，涕泪满面。

那一夜，他想到了自己曾经读过的一位命运悲苦的日本诗人小林一茶的诗句：“露水的世，虽然是露水的世，虽然是这样！”

父亲病重期间，他寄回家中的那两百元银洋的稿费，还有母亲辛辛苦苦给人做针线活儿攒下的一点点零用钱，都用在抓药上了。

此时，家中真是徒有四壁、一贫如洗了！

连给父亲买的一口薄薄的棺木的钱，都是他跑到上海，去找开小旅馆的大舅父借来的。

父亲的死，让陈伯吹再次深切地体会到了什么叫命运多蹇，也让他尝到了人世间艰辛、哀愁和伤逝的滋味。

海边——
只有黄的浪花黑的烟！
我父亲在哪里？
渺渺兮无所见。

山巅——
只有白的云儿青的天！
我父亲在哪里？
渺渺兮无所见。

啊！海阔天空，
何处有父亲的音容？

而今我心中，

只剩下不可泯灭的悲痛！

这是在父亲去世后不久，他写的一首诗。从这些情真意切的诗句里，我们不难体会到他心中深深的伤逝之痛。

在此后的很长一段时间里，陈伯吹都没有走出这种丧父之痛。

他在《日日夜夜仰望着北斗星》一文里，也写到过自己在父亲去世之后，一直处在一种恍惚和迷惘的精神状态里：

天更黑了，是上灯的时分了。但是，我渴念着的父亲，却终于没有归来。

厨房间里的桌子上，已由弟妹们摆满着热腾腾的素菜淡饭。他们隔着客堂招呼我，我只是出神地思念着我的父亲，好似没有听到的一般，的确，我有一点儿迷惘了。

弟妹们已经两次三次向着我喊过了，我才不得已地懒懒散散地穿过空空洞洞的客堂，去到楼梯背后的厨房间，才坐定下来，下意识地问母亲：

“妈，今天爸上哪儿去了？怎么到这个时候还没有回家来！”

使我诧异的是，母亲听了我的话后，惊得呆了；我还以为母亲没有听清楚我的话，于是又重复地说了一遍。

“爸惯常是傍晚回来的，怎么今天迟了？难道他……”

我越发骇异了，我的话还没说完，母亲的眼泪早已如串珠般的直往饭碗里滴下去。我一时竟也发呆了，觉得头晕脑胀。回头看弟妹们，都睁着乌黑的眼珠，惊骇地注视着我，好像我着了什么魔似的，使他们感到惶恐不安。我却感到莫名其妙，也只有睁大了眼睛对他们发呆。

毕竟年纪最小的惠弟，还是一个天真烂漫的孩子，他首先说话了。但是，他的话却给我一个霹雳般的沉重的打击——是一个竭力想忘却而忘却不了的悲痛的音讯：

“哥！你怎么啦？爸不是早在去年八月处暑节去世了吗？”

我幻想着、盼望着父亲的归来，终于泡影般地破灭了，万一的希望转为百分之百的绝望。而我的潜藏在心底里预期的不幸，终于被证明是铁一样的事实。悲哀涌上了我的心头，泪珠便禁不住簌簌地涌出眼眶来。……

然而，命运对他的打击还没有结束。

早在父亲患病之前，为了减轻家中负担，陈伯吹一直十分疼爱的二弟汝宽刚刚十二岁时就征得父母亲的同意，离开家到上海的一家南货店里当了小学徒。

汝宽小小年纪，扛箱、卸货、守夜、值班……什么苦都吃过，好不容易苦熬了三年，眼看就要出师了，没想到却患上了严重的肺结核！

肺结核在今天已经算不上什么大病了，可是在那个年代却是致命之症。更何况家里已有病重的父亲，哪里还有更多的钱给汝宽治病！

父亲去世仅仅两个月之后，悲痛再次降临。只有十七岁的汝宽，被肺病生生地夺走了年轻的生命！

陈伯吹和二弟汝宽的感情一直是那么好。汝宽的夭折，让他一度无法接受。有好几天，他神色木然地坐在弟弟生前睡过的小木床前，欲哭无泪，欲喊无声。

当然，这个时候，他怎么也不会想到，七年之后，他的四弟汝敏也因为患上肺结核而夭折了。

他是多么恨自己啊，身为兄长，却对弟弟的病无能为力。

他甚至想到，当初，要是自己遵照父亲的安排去南货店当了学徒，也许弟弟汝宽就不用去南货店了。也许正是自己的选择给弟弟带来了这么大的不幸?

想到这里，他狠狠地揪着自己的头发，心如刀割。

# 15 风雨

死者长已矣，活着的人还要继续生活。

1925年，陈伯吹即将步入他二十岁的青春韶华。他不能被残酷的命运压倒。他的人生道路还很长、很长！

送走了父亲、二弟之后，他从深深的悲伤中挣脱出来，擦干了眼泪。他知道，身为家中长子，他肩膀上的担子只会越来越重。他要承担的责任，只会越来越多！他明白，他不能在悲伤中消沉下去。他需要赶紧振作起来，让自己的希望和力量“复活”！

他在一首题名为《复活》的小诗中写道：

“她何尝枯萎死了？”

不信你且看她复活。

——复活。

崇高的山崖绕遍了青葛！

他用这样的诗句安慰自己，在给自己鼓劲。

这时候，他已经是宝山县立第一小学初级部主任了。他安顿好家中的母亲和弟妹们，又写了一封信给第一小学的校长浦文贵，征得浦校长同意，把三弟汝敏带在身边，等下学期就转学到宝山一小读书。

宝山县立第一小学是当地的一所名校，创建于 1902 年（清光绪二十八年），校址设在清朝地方政府的办公场所“参将衙门”。

一小的校长浦文贵（撷英）先生，是龙门师范的首届毕业生，当年曾以第一名的成绩被龙门师范录取，又同样以第一名的好成绩毕业，在宝山是一位几乎家喻户晓的名师。

在一小任教的各科教师，有三十多位，几乎全是龙门师范的毕业生。和这些老师相比，陈伯吹的学历算是最低的。因为他所获得的甲种师范讲习所文凭，只相当于初中文凭。他的资历也比较简单，只担任了三年的乡立国民小学教员。

但是，浦文贵校长却让陈伯吹担任了一小初级部主任。浦校长还鼓励他说：“你不用担心，这里的老师们都是接受过革命的风雨和新文化思想洗礼的，我们都听说了你在朱家宅国民小学的办学事迹，陈君在这里尽可以再展鸿鹄之志……”

浦文贵校长说得没错。

此时的宝山一小，的确是一个与朱家宅乡村小学完全不一样的天地了！

在这所小学的校园里，像《新青年》《向导》《新潮》等当时的进步刊物，还有《申报》《新闻报》《时事新报》等上海的报纸，随时都能看到；李大钊、陈独秀、鲁迅、胡适等“新文化闯将”的文章和思想，不断地被老师们讨论着、传诵着，也向学生们传递着……

陈伯吹很快和学校里的一些志同道合的老师成了亲密无间的朋友。其中像周向之、陈荷百、徐学文等几位老师，不仅思想活跃、个个有着“天下兴亡，匹夫有责”的家国情怀，而且待人真诚，把年龄最小的陈伯吹引为他们的同志和兄弟。

他们在饭前课后，经常一起讨论时局，交流各自对国民教育、儿童教育和国家前途的思考。

这些老师无一不是热血青年，渴望民主、自由和光明，关注国家和民族的命运。

与这些志同道合的青年老师共事，陈伯吹感到十分幸运和放心。他的所思所想，他的志向和追求，不知不觉地就跟这些热血青年的志向融合到了一起……

1925 年 3 月 12 日，一代伟人孙中山先生在北京逝世了。

陈伯吹从报纸上看到噩耗，想到了孙中山未能完成的革命事业，想到了国家未知的明天，也想到了自己家中接连蒙受的不幸……不由得心情忧闷，挥笔写下了一篇散文《心的碎片》，倾吐了自己心中的惆怅和忧虑。

不久，又一个噩耗传来，在上海，日本资本家枪杀了共产党人、工人领袖顾正红，引起广大民众对帝国主义和反动军阀的愤怒，从而爆发了震惊中外的“五卅惨案”。

烈士们的鲜血，也唤起了陈伯吹心中强烈的义愤。他在宝山一小宿舍深夜的灯光下，奋笔疾书，写出了一篇充满战斗性的散文《呐喊》。他这样写道：

在铁蹄下被蹂躏的中华民族，早已认识了帝国主义者狰狞可怖豺狼般的脸，窥破了帝国主义者阴险可杀蛇蝎似的心，我们将永远不会忘记的，这等掬尽太平洋之水也涤不了耻辱的惨案。

四万万人的热血，已足溶消坦克大炮了；四万万人的骨肉，已够填塞无畏军舰了。我们有什么顾虑？一切都不畏惧了！起来！起来打倒帝国主义！屠杀由他屠杀，反抗依然要反抗的！

很难想象，这样充满热血激情的战斗檄文，是一位一向兢兢业业、安分守己的小学教员写出来的。

而这些滚烫的句子确是出自仅有十九岁的陈伯吹之手。

国家和民族的不幸，大时代的风雨，唤醒和引导这个青年人走出了狭小的自我世界。他不再只是咀嚼一家、一己的痛苦和哀伤。他的心中，已经压着“天下兴亡，匹夫有责”这几个火热的大字了。

小溪正在向远处的海洋奔流，浪花正在汇入时代的波涛之中……

1926年10月，北伐军已经从广州北上，攻克了武汉。不久，北伐军又顺着长江向东，进入南京和上海一带。

这时候，所有爱国的人们都在心中幻想着，军阀割据的时代就要结束，新的时代要到来了。

作为一个渴望进步的青年教员，陈伯吹在这一年冬天秘密地参加了一个国共合作的国民党地下组织。

1926年12月初的一个寒冷夜晚，在宝山县文庙内城中小学的一间比较隐秘的房子里，陈伯吹与陈荷百、周向之、徐学文三位好友一起，在城中小学的另一位好友张京石的见证下，神色严肃地举行了一个秘密的宣誓仪式。

张京石说："从这一刻起，你们四个人，都是我们的同志了！"

"同志"这两个字，让陈伯吹感到无比亲切，又十分神圣。

那些日子里，白天，他在课堂上向学生们传授文化知识的同时，也常讲述革命的道理，激发学生们反对封建军阀、反对帝国主义的爱国热情；晚上，他把自己关在一间狭小的宿舍里，偷偷阅读一些思想先进的书籍和刊物。一种对未来的美好憧憬鼓舞着他。

他的创作热情也异常高涨，不断有新的作品问世。

为了多挣一点稿费补贴家用，他使用了"陈伯吹""陈品娟""金煜华"等名字作为笔名，不断地向上海等地的杂志和报纸投稿，诗歌、散文、短篇小说、知识小品等，他都试着写了一些，还给《小朋友》《儿童世界》《学生杂志》等儿童刊物写了一些寓言和儿童故事。

作为中国现代儿童文学领域早期为数不多的作家之一，他开始在文坛上崭露头角。

在文学创作之外，更重要的是，这个热血青年的灵魂正在不断地经受时代大风雨的洗礼。

1927 年 4 月，蒋介石突然叛变了革命，把屠刀挥向了猝不及防的革命者。腥风血雨和白色恐怖笼罩了全国。

此后，宝山一小的校园虽然看上去像往常一样平静，但是在陈伯吹的心中，却仿佛在翻卷着汹涌的巨浪。

那些日子里，在午后校园的亭子里，在远离人声的小花园一角，有一个身穿西装、神色坚毅的大学生模样的人，经常出现在陈伯吹、周向之、陈荷百和徐学文这几位志同道合的朋友面前。

他们一起谈论当前的局势，谈论国家的前途与命运，也谈论教育、哲学和文学。陈伯吹和几位好友被这个青年人的思想和热情深深地感染着。他们心里都已经明白，这个青年人不是一个普通的大学生，而是共产党的地下党员。

这位地下党员的任务，大概就是在这一带的大、中、小学里秘密活动，团结一些进步的教师，发展革命力量。

果然，没过多久，陈伯吹等人就赢得了他的信任。他安排他们在这一带的学生和群众中散发和张贴传单，揭露蒋介石的罪恶行径。

为了在白色恐怖之下有效地保护自己，他还细心地教给了陈伯吹等人秘密张贴标语的方法：最好是四个人合作进行，一个人在附近望风，一个人刷糨糊，一个人迅速地张贴，另一个人身藏标语跟在后面……

在街头巷尾秘密地张贴了几次标语之后，陈伯吹等人得到了这个青年革命者的赞扬。

他说："你们的工作做得很好，党组织将考虑吸收你们。"

听了这话，陈伯吹心里热乎乎的。一种崇高的精神在他心头驻扎，令他倍感神圣。

然而，接下来的好几个月里，这个青年革命者却再也没有出现。陈伯吹与好友都在心里为他担心，难道他被捕了？

事情果然不出所料，1928 年 2 月的一天，上海出版的《申报》《新闻报》等报的"吴淞地方新闻"栏里，都刊载了这么一条新闻：共产党员黄忆农，年十九岁，致力赤色鼓动，妄图颠覆政府，着即执行枪决……

不幸的消息使陈伯吹和他的三位同事非常难过，个个义愤填膺。

当天晚上夜深人静的时候，在宝山一小的一间门窗紧闭的教员宿舍里，他们四人一起面对黄忆农曾经使用过的一架黑色柯达照相机，悲痛而庄重地表达了他们的悼念。

他们压低声音，有力地发着誓言：就让这架黑色的照相机作证，我们一定会追随你的脚步继续向前，决不改变，永不退却！……

后来他们得知，这位名叫黄忆农的青年革命者——他们人生道路上最早的引路人，又名黄临川，牺牲前担任中国共产主义青年团吴淞区委书记。

1928 年 6 月里的一天早上，陈伯吹正在教室里给学生讲课，突然，几个宪兵冲进了教室，逮捕了他。

这几个宪兵是吴淞宪兵司令部派来的。同时被捕的还有他的同事和挚友徐学文。

对此，他们并非完全没有心理准备。

那一刻，他们都表现得十分坚毅和镇定。

宪兵们押着他们往宿舍方向走。他们明白，宪兵们是想去搜查一些所谓的“证据”。

这时候出现了一个两位老师都没想到的“插曲”。原来，当宪兵们闯进教室的时候，有一个曾多次听过陈伯吹讲述革命道理的学生灵机一动，悄悄溜到了教员宿舍，赶在宪兵们到达之前，把两位老师藏在宿舍里的一些革命书刊都转移到了安全的地方。

宪兵们在他们的宿舍里一无所获，就悻悻地把他们押到了县衙。

因为实在找不到什么“证据”，宪兵们只好装腔作势地恐吓他们“有则改之，无则加勉”，然后叫校长出面作保，保证这两个人都是安心教育、不问政治的“放心教员”，才把他们放了出来。

在家乡的风雨岁月里，年轻的陈伯吹不是用稿纸和墨水创作小说、诗歌和童话，而是用自己的行动，用追求崇高理想、靠近壮丽的革命事业的心，写下了一曲慷慨难忘的青春之歌。

故乡山河，风雨飘摇……

这件事平息之后，陈伯吹和徐学文都十分清楚地意识到，继续在宝山待下去，恐怕会遭遇什么不测。

这年年底，他和徐学文等一同辞去了在宝山县立第一小学的教职，然后离开故乡，前往上海。

# 16 大夏大学

太阳刚刚下了地平线。软风一阵一阵地吹上人面，怪痒痒的。苏州河的浊水幻成了金绿色，轻轻地，悄悄地，向西流去。黄浦的夕潮不知怎的已经涨上了，现在沿着苏州河两岸的各色船只都浮得高高地，舱面比码头还高了约莫半尺。风吹来外滩公园里的音乐，却只有那炒豆似的铜鼓声最分明，也最叫人兴奋。暮霭挟着薄雾笼罩了外白渡桥的高耸的钢架，电车驶过时，这钢架下横空架挂的电车线时时爆发出几朵碧绿的火花。从桥上向东望，可以看见浦东的洋栈像巨大的怪兽，蹲在暝色中，闪着千百只小眼睛似的灯火。向西望，叫人猛一惊的，是高高地装在一所洋房顶上而且异常庞大的霓虹电管广告，射出火一样的赤光和青磷似的绿焰：Light，Heat，Power！

这是著名作家茅盾在长篇小说《子夜》的开头，对 20 世纪 30 年代初期大上海的描绘。

这时候的上海，已经是一座散发着现代气息，放射着 Light（光）、Heat（热）和 Power（力）的国际大都会了，号称世界第五大城市，被视为“东方之巴黎”，也是当时许多向往现代文明的青年人倾慕和迷恋的地方。

1929 年 2 月，23 岁的陈伯吹又来到了这座布满霓虹灯光的大城市。

上海被称为“冒险家的乐园”，可是，他却不是怀着发财、冒险或寻找刺激的目的来的，他来这里，是为了寻找一条生路，是为了给自己未来的人生和命运寻找一片小小的天地。

他和一起离开宝山的好友经过几番讨论，各自选定了暂时的出路。

徐学文选择投考大夏大学政治经济系。陈伯吹打算报考大夏大学办的高等师范专修班。

陈荷百又鼓励他说：“不要担心自己的学历低浅，你能考上的！你不是喜欢写作吗？进入大学后，一面读书，一面写作，万一遇到什么大困难，我们都会帮助你的。”

他是家中长子，父亲和二弟都已去世，三弟汝信当学徒尚未出师，上有年老的母亲，下面还有妹妹和两个正在念书的弟弟，全家的经济来源几乎都落在他一个人肩上。

他来到上海，一文不名，而只有一支笔。

于是，他只能靠写作、投稿，换取有限的一点稿费来维持全家的生活。

他先是在上海私立幼稚师范学校，当了一名地理课教师。

他像法国那位写《昆虫记》的贫穷的生物老师法布尔一样，并不满足自己仅有的那点学历，于是鼓起勇气，报名参加大夏大学高等师范专修班的考试，最终被录取了。

这样，他在上海总算有了一份更令他振奋的寄托。

上午他在幼师学校给学生上课，月薪只有 14 元；下午就到大夏大学当学生听课；到了晚上，就躲在幼师所在地槟榔路（今安远路）潘园的一间只有五平米的宿舍里，彻夜笔耕。

就像最初在朱家宅小学任教时写《学校生活记》一样，一旦进入创作状态，陈伯吹常常一写就是一个通宵，写到“不知东方之既白”。

为了挣钱养家，一开始他什么题材都写。

他根据自己隐约记得的经历，写过中篇小说《穷孩子》

和《畸形的爱》。接着，他又把这段经历写成了长诗《誓言》。

在这些小说和诗歌里，都能看到他个人经历和他的学生、同事们的影子，甚至带有一定的自传色彩。

陈伯吹在晚年编辑《陈伯吹文集》第二卷（小说卷）的时候，曾在《卷头语》里这样回忆过他写《穷孩子》等早期小说时的情景：

> 1928年底，我因“祸”离开了在那海滨的可爱的学校，来到车马奔腾、人声嘈杂的城市，仍然当个教师，每到夜间就寝，情不自禁地怀念着在乡村、在海滨学校里的学生，天真活泼，与我亲密无间。陡然一个形象出现在我记忆深处。那是在冬季的长夜，一灯如豆的斗室里，泛起旧情，凭着思念：一个父亲病故，母亲改嫁（那时为乡间风俗所指责），困苦万状而又勤学的学生形象，骤然闯入记忆圈里，禁不住提笔为他写生了。出于激情，在两个深夜里，为他写下约二万字的一篇小说。

在大夏大学读书的这段日子里，陈伯吹就像高尔基所说的“饥饿的人扑到面包上”一样，发愤苦读，求知欲异常旺盛。

走进大夏大学的图书馆，看到那么丰富的藏书，陈伯吹就像走进了童年时听过的那个童话故事里的“怪石洞”一样，面对的是一座金光闪闪的知识宝库。

他不停地借阅一本又一本书，书本给他打开了一扇又一扇新的窗口……

书读得越多，他越感到自己过去学到的东西太少了、底子太浅薄了！其中让他感到最遗憾的就是他不懂英文。

别的同学，在初中或高中阶段都学过英文，有很好的英语基础，可是他在小学和师范讲习所里只学过几个英文字母而已。

在大夏大学，有好多教授是直接用英文原版书作为教材的，例如教社会学课程的吴泽霖先生，他讲马克思的《资本论》和恩格斯的《家庭、私有财产和国家的起源》，所用的教材都是英文原版书，陈伯吹根本无法看懂。

吴教授观察到了陈伯吹听课很用心，平时也很刻苦，有一次，他对陈伯吹说：“你的成绩很好，记忆力和理解力都没有问题，可惜的是英文程度低了一些。倘若你的英语能力能再提高一些，将来是大有可为的！”

陈伯吹把吴教授的话牢牢地记在心上。从此，他就下苦功夫攻读英文，从最基础的背单词开始，付出了一般同学无法想象的努力，不到半年，就把英文这块短板补上了。

后来，陈伯吹为孩子们翻译了不少外国儿童文学书籍，与他这时候急起直追、刻苦攻下英文难关是有直接关系的。

在大夏大学，陈伯吹不放过任何听课和学习写作的机会。

有一天，他看到校园的海报栏里贴着一张通告："欢迎徐志摩先生从印度访问归来，3 月 25 日下午由徐志摩先生作学术报告。"

"新月派"著名诗人徐志摩是当时许多青年学生心目中的"文学偶像"，也是大夏大学英文系的教授。陈伯吹读过他写的诗歌，也听过他讲莎士比亚的十四行诗。他与印度"诗哲"泰戈尔亦师亦友，他给大家讲访问印度的见闻，一定值得去听。

那天下午，陈伯吹早早地来到礼堂，特意挑了一个前排的座位，以便认真听讲。

徐志摩那时候也就三十来岁，风度翩翩，声音柔和，做起报告来有若口吐莲花，引人入胜。

陈伯吹边听边记，几乎是一字不漏地把徐志摩的演讲完整地记录了下来。

当夜，他把这份笔录整理了一遍，投寄到了《新闻报》。《新闻报》在副刊《学海》上分两期刊载了出来，题目是《关于印度》，署名是：徐志摩讲，陈伯吹记。这份演讲记录稿，为诗人徐志摩、也为中国现代文学史保存了一份珍贵的文本。

因为经常写一些儿童文学的稿子，陈伯吹这个时期也时常向《儿童世界》杂志投稿。

有一次，他给当时有名的文学杂志《小说月报》投稿时，得到了该刊主编、著名作家郑振铎的一个忠告。

郑振铎做过《儿童世界》主编，熟悉陈伯吹的“强项”在哪里。他从陈伯吹的职业优势和创作专长考虑，劝他扬长避短，专攻儿童文学，那样前途会更广阔。

这是一个几乎决定陈伯吹今后乃至毕生的人生方向的忠告，陈伯吹欣然接受了。

或许这其中早就有某种因果联系，正所谓“茎里有的，种子里早就有了”；也如诗人弗罗斯特笔下的“林中的道路”：“当我选择了人迹稀少的那一条，从此决定了我一生的道路。”

从此以后，陈伯吹心无旁骛，把自己的人生追求与儿童和儿童文学紧紧地联系在一起了。

他把一支红蓝铅笔作为参与祖国建设、改造社会、实现生命价值的工具与武器。他既当小学教员，又做儿童读物的编辑，同时也是一位儿童文学作家、翻译家和研究者。他在儿童教育和儿童文学领域勤恳耕耘，从青年时代一直到九十一岁告别人世，历经风雨而无怨无悔。

陈伯吹和孩子们在一起。

# 17 红蓝铅笔

从 1929 年 2 月起，陈伯吹在上海幼稚师范学校当了长达十年的教师。这所学校的校长陈济成对陈伯吹十分信任，也很看重他的才华，把一门比较新的课程地理课的教学任务交给了陈伯吹。

陈伯吹从来没有教过地理课，这对他来说是一个新的挑战，但也促使他去了解和熟悉了一个全新的知识领域，同时也为他日后创作儿童科普作品做了比较丰富的地理知识储备。

这个时候的陈伯吹真是天天忙碌啊！

他几乎每天都是这样度过：上午，要作为教师，去给幼师的学生们上课；下午，又要作为学生，去大夏大学的教室里听课；到了晚上，除了给幼师的课程备课，还时刻惦记着给《儿童世界》等刊物写稿子。

这个时期，他完成了中篇小说《畸形的爱》，在《儿童世界》上发表了故事诗《香灰呢仙丹》《一个小学生的想》《懒惰者必会受罚——一篇讲给幼稚生及低年级小学生听的故事》等。这些故事诗大多还配有图画，成为他早期创作的产生了较大影响的一批作品。

除了儿童文学作品，他还为当时很有名的刊物《北新》半月刊、《小说月报》等写过一些给成年人读的诗歌和小说。

他从这些诗歌中选了12首，编成了他的第一本诗集，交给他的一位正在经营一家名叫“芳草书店”的朋友黄中出版了。这本名为《誓言》的诗集，在1930年出版问世后，引起了评论界的注意，有一位读者还专门写了一篇书评，其中说道：“最近我读了陈伯吹君的诗《誓言》，觉得他的诗在每一行字之间，流露着真、美、力的表白，给予我的是其他诗集中找不到的新的印象。”

确实，这些表达了一个青年青涩而委婉的心曲的诗歌，多少带着这个时候的陈伯吹朦胧的初恋情绪，带着一些“少年维特式”的忧郁和烦恼。

当然，他最看重的、并且获得了郑振铎等名家赞赏的，是他的儿童诗。《誓言》出版之后，他又把在《儿童世界》和《小朋友》杂志上发表的儿童诗编选了一下，选取了42首小诗，按照春、夏、秋、冬四个季节的顺序，编成了一本儿童诗集，取名《小朋友诗歌》，交给了北新书局。

这时候，在北新书局当编辑的赵景深先生看到了陈伯吹送来的这本《小朋友诗歌》。赵景深同时也是一位儿童文学作家和翻译家，曾翻译过安徒生童话，一直关注和研究儿童文学。赵景深看到诗集后颇为欣喜，觉得陈伯吹的这些小诗童心烂漫、语言活泼，而且念起来朗朗上口，就决定马上出版。

赵景深还高兴地向他的老板、北新书局的经理李小峰建议："陈伯吹君的《小朋友诗歌》写得相当有趣，我有个想法，不如就在这个集子的基础上，编辑一套《小朋友丛书》，借以弥补今日儿童读物的稀缺。"

李小峰不仅是一位精明的出版商，也是一位慧眼识珠的出版家，当时，鲁迅先生的不少著作都是交给北新书局出版的。他同意了赵景深的建议，并且很愿意约陈伯吹来书局谈一谈。

1930 年 3 月里的一天，陈伯吹应约来到了北新书局。

这也是他人生道路上的又一个重要时刻。交谈的结果是：他的《小朋友诗歌》会马上出版问世；他欣喜地领受了李小峰、赵景深委托给他的一项不小的创作任务——为小孩子撰写 20 来本儿童读物，作为《小朋友丛书》，全部交给北新书局出版。

陈伯吹早期小说《畸形的爱》和他的第一本儿童诗集《小朋友诗歌》。

这对于正处在半工半读状态的青年作者陈伯吹来说，无疑是天大的喜讯，同时也是一项不小的工程。

本来，李小峰的计划是100册的规模，一向做事谨慎的陈伯吹，只答应接受20册的编写任务。

这年6月，他的《小朋友诗歌》如期出版了。

没想到书刚出版，就受到了著名儿童教育家陈鹤琴先生的关注。陈鹤琴先生热情地撰写了一篇推荐文章《小学生读的诗》，刊登在他主编的《儿童教育》杂志上。文章里写道：

> 在英文小学教育杂志上，我常常看到许多给小学生阅读的诗歌。这种诗歌，很可以启发小学生的思想，陶冶小学生的情绪，而且很可以促进小学生的文学兴趣，增加小学生的文学知识。因此，我就想汇选许多诗歌送给小学六年级学生阅读，欣赏欣赏。不过，在中国诗中，适合儿童心理与教育原理、可为小学生背诵的，实在不多。兹从几本诗集中选了15首诗、3首歌谣，以便小学生在10月份欣赏与背诵。

陈鹤琴不愧为一位儿童教育专家。他为小学生们选的这些儿童诗，其深浅程度和内容、形式的丰富多样，就是现在看来，也不过时。

其中有刘大白、郭沫若、徐志摩、胡适、李大钊、康白情这样的名家之作，也有像陈伯吹这样的新人的作品。

这15首儿童诗中，刘大白的最多，有5首，陈伯吹的有3首。

从《小朋友诗歌》问世的这一年起，陈伯吹开始为北新书局编写《小朋友丛书》等儿童读物。

从他领受任务的4月份起，到当年年底12月份，短短8个月的时间里，他陆续编写完成了《小朋友故事》(上下册)、《小朋友戏剧》(上下册)、《小朋友会话》、《小朋友童话》(上中下册)、《小朋友小说》、《小朋友的朋友》,还有《小朋友寓言》(上下册)、《小朋友通信》、《小朋友卫生》等书。

这些书大多是他自己创作和编写的，有一两本是他约别的作者编写的。其中儿童文学占大多数,《小朋友卫生》等书虽不是儿童文学作品，但都是用文学笔调写的儿童知识读物。

这些读物，是陈伯吹作为一位儿童文学作家和编辑，奉献给孩子的第一批沉甸甸的果实。

陈伯吹很幸运地遇上了赵景深这样热心的好编辑。赵景深对陈伯吹可以称得上有“知遇之恩”。赵景深陆续接到陈伯吹完成的一本本书稿，他一边审稿，一边用欣赏的口吻对老板李小峰说："清浅有味，不枝不蔓，润物细无声！陈君真是天生的一个儿童读物作家啊！"

陈伯吹的稿子每一页都是那么清爽，小小的毛笔字极其工整，看上去像女孩子写的"闺秀小楷"。他的这种一丝不苟的写作态度，从这时候一直保持到老年。

拿着这样清爽的稿子，赵景深在审稿时工作效率特别高，书一本接一本地出版，有时一本书从审稿、排版到校对、出书，连一个月的时间都不用。

有一天，赵景深又突发奇想：目前很多稍微大一点的出版社和书局都为小读者创办了儿童刊物，例如中华书局有《小朋友》杂志，商务印书馆有《儿童世界》，我们北新书局也算是大出版社了，为什么不给小读者多办两份刊物呢？

他把这个想法跟李小峰一说，李小峰想了想，说道："主意是好主意，可是关键是我们得有几个得力的编辑！给小读者编刊物，首先应该喜欢小孩子，最好还能自己亲自动手写写画画……"

赵景深说："李先生此言甚对，这个问题嘛……我倒也有个想法……"

"哦，愿闻其详，请赵君不妨讲来听听。"

“我听说，陈伯吹君还有两个月就从大夏大学毕业了，他不就是一个合适的人选吗？”

“对呀！远在天边，近在眼前！我怎么把他给忘了呢？”

李小峰不愧是一位干练、果断的出版人，他双手一拍：“那就拜托赵先生找陈君谈谈，可以先请他着手筹备出刊事宜，一毕业，就可来‘北新’上班。”

这个决定真让陈伯吹喜出望外。因为这段时间他确实已经在考虑毕业后的职业问题了。能到北新书局为小读者编杂志，这对他来说，简直就像是“瞌睡来了，有人递来了枕头”。

他是一个无论做什么事都极其严谨和细致的人。他兴奋地来到李小峰的办公室，轻声问了一句：“李先生，我要不要辞去在幼师的那份教书的兼职？”

李小峰笑着说：“我看不必了！你来‘北新’，可以一半时间编杂志，一半时间仍旧教你的书，给你月薪 60 元，不知陈君意下如何？”

在这之前，陈伯吹在朱家宅小学当老师时，月薪是 10 元，每年实际拿到手的只有 10 个月的月薪；在宝山县一小时，虽然身为初级部主任，月薪也只有 14 元。现在只要付出一半的时间为书局工作，月薪却有 60 元！这样优厚的待遇，还有什么可说的呢！

一瞬间，陈伯吹的眼睛都湿润了。

他站起身来，深深地给李小峰鞠了一躬，说："李先生，感谢您和赵先生的知遇之恩！您这样宽宏大量，让我照顾两边的工作，我只有心存感激，努力为'北新'效犬马之力了！"

李小峰摆摆手说："陈君言重了。人才难得，人才难得！陈君乃一代俊才，肯来'北新'屈就共事，也是'北新'的荣幸！我建议你回去收拾一下，最好近日就来就职吧！"

果然，第二天，陈伯吹就到北新书局报到就职了。

当然，他同时还在幼师兼任地理老师，也在大夏大学继续听课。

他为北新书局创办的儿童刊物，取名《小学生》，半月刊。本来，李小峰、赵景深都力邀陈伯吹担任这份杂志的"主编者"，但是陈伯吹觉得自己人微言轻，声誉不够，就再三推辞。

最后商量的结果是，《小学生》"主编者"由陈伯吹、赵景深、李小峰、林兰四人共同署名。

林兰是李小峰先生的夫人，也是一位儿童读物作者。《小朋友丛书》里的《小朋友山歌》和《小朋友谜语》，就是她编写的。

仅仅经过一个月的筹备，1931 年元月，《小学生》半月刊正式问世了。当时，《小学生》聘请的特约撰稿人中，既有陈伯吹过去在宝山一小教书时的几位爱好文学写作的老同事，如周向之、陈荷百、徐学文等；也有李小峰、赵景深联系来的儿童读物作者，包括沈百英、徐调孚、张锡昌、徐亚倩、钱君匋、顾均正……总之，凡是当时生活在上海的一些能写点儿童文学、儿童科普和知识读物的作者，都成了《小学生》的作者。

《小学生》问世不久，陈伯吹也从大夏大学高等师范专修科顺利毕业了。因为他终于获得了大学的学历，他兼职的幼师也把他的月薪增加到了60元。

这一年，陈伯吹24岁。他的工作收入，终于可以让他生活得比较宽裕，也能更好地孝敬自己的母亲了。

这时候，他的四弟汝敏、妹妹品娟，也已经从宝山县立师范学校毕业了，一个在上海闸北一所小学教书，一个在家乡罗店镇上的第二高等小学教书。还有小弟汝惠仍在宝山师范上学。

他们兄妹几个都出自师范学校，最终也都选择了儿童教育的职业。可以说，从陈伯吹这一代起，他们这个家庭就奠定了教育世家的基础。——许多年后，陈伯吹的儿子、著名物理学家陈佳洱先生，也曾担任过北京大学校长。

虽然收入增多了，但是陈伯吹从小养成的“把一分钱掰成两半花”的勤俭习惯，一点也没有改变。他用省吃俭用节省下来的一点积蓄，把十年前父亲在百般艰难中典押出去的罗店老屋赎了回来。这样，他家又从南翔镇搬回了他童年时代生活的罗店镇。

至此，命运总算给这个心地善良、勤奋上进的年轻人送来了些许温暖的阳光。

陈伯吹夫妇与儿子陈佳洱先生。

# 18 火线下

1932年1月28日，日本侵略军在吴淞口发动战争，对上海进行了疯狂轰炸，致使这座大都会的经济、文化、民生设施都遭到大规模的破坏。上海的书刊出版业也没有幸免。

当时，雄霸上海滩书业的商务印书馆损失最为惨重，不仅收藏繁富的中西文图书馆毁于炮火，印书馆的印刷设备也几乎瘫痪……

1月29日上午，陈伯吹听到凄厉的警报声掠空而过，急忙跑到北新书局三楼阳台上，向外面瞭望……

只见商务印书馆的编辑所、印刷所和东方图书馆那边浓烟滚滚，火焰冲天。漫天的纸灰就想黑色的蝴蝶在飘飞……

陈伯吹在阳台上拾起一片未烧尽的纸张仔细一看，竟是赫赫有名的《辞源》的残页！

他的心中充满了愤怒！他想，日本侵略者不仅侵占了祖国的领土，还如此践踏和毁坏我们中华文化的宝贵遗产，这是多大的国耻和民族的屈辱啊！

那段时间，他把手里的红蓝铅笔握得紧紧的，恨不能让它变成刺向日寇的利刃！

他把满腔怒火化为笔下的文字，奋笔创作了中篇小说《华家的儿子》《火线下的孩子们》等作品。

《华家的儿子》是一部战斗性很强的作品。

小说里的“华儿”是一个在屈辱中奋起的中国人，他想通过这样一个形象，唤醒全国的少年儿童，坚强起来、团结起来，不做亡国奴，而要做一个顶天立地的中国人。

这部小说在当时的《小学生》杂志连载后，又出版了单行本。它不仅是陈伯吹创作生涯中的一部重要作品，也是中国现代儿童文学史上的一部名著。后来，在“新四军”领导的抗日地区的一些学校里，这本书成为学生课外阅读的补充教材。

这部小说的单行本出版时，陈伯吹想到了二弟汝宽的夭折，想到了他们短暂而深厚的手足之情……

一种难以言说的伤痛，就像烈火灼烧着他的心。

他在小说的扉页上题写了“怒吼吧，中国！”几个大字，然后又写了这样一段题词：

此书献给我的亡弟汝宽

宽弟！你那勇敢的态度与奋斗的精神，真与在革命中的华儿一样；我写着本书末了两节时，心头霍地浮现了你。啊，你终于斗争得咯血去世，正当青春之盛年。不料敏弟如今又跟上了你——我没有别的话，谨以此书献给你！纪念你！

侵略者的炮火带来的国恨家仇，把一位青年作家从一家和一己的悲伤中唤醒了，让他看到了更多同胞的痛苦和忧伤，让他看到了整个国家和民族面临的危机。沉重的家国之痛开始出现在他的作品中。

陈伯吹晚年在为《陈伯吹文集》第二卷（小说卷）写下的《卷头语》里，这样回忆他写《华家的儿子》和《火线下的孩子们》时的情景：

……卢沟桥畔、黄浦江滨枪炮声响，渺茫的迷梦给惊醒了，特别在（东北）辽阳沦陷前夕，当时我主编的《小学生》的一位读者，他信赖我，在那地塌天崩的紧急时刻，让我读到了《中国的“最后一课”》。尽管立即复信，估计他不会看到了。我为一个中国小读者在敌人侵略炮火下的命运焦虑，蘸着义愤的泪水，在那不眠的长夜，写下了《华家的儿子》与《火线上的孩子们》。但是，他看不到了，至今也无音讯。

我发誓，我的笔从此将永远为沉沦在苦难中的中国孩子们服务，直到他们生活得幸福的时候。

除了《华家的儿子》和《火线下的孩子们》等作品，陈伯吹在1932年、1934年又先后写出了另外两本童话名作《阿丽思小姐》和《波罗乔少爷》。

说起《阿丽思小姐》这本童话，得从英国童话作家卡罗尔的《爱丽丝漫游奇境》说起。

1862年夏天，美丽的泰晤士河上碧波荡漾，一只漂亮的小船正在河上游荡着。划船的是牛津大学基督堂学院的数学讲师，30岁的道奇森先生。坐在小船上的，是基督堂学院院长利德尔的三个漂亮的女儿伊迪丝、洛丽娜和爱丽丝。当时，小爱丽丝只有三岁。

小船儿荡呀，荡呀，已经离开河畔很远了。

这时候，爱丽丝仰起小脸，望着身穿法兰绒短衫、头戴白色草帽的道奇森先生说："道奇森先生，再给我们讲一个故事吧！讲一个最好听、最好听的故事……"

道奇森微笑着点了点头，略一思索，眸子里闪烁出机智而喜悦的光芒。他说："好吧，小公主们，就讲一个自命不凡的小女孩的故事吧。那是很久很久以前了，有一个美丽的小女孩，一天，她正和姐姐们坐在草地上玩耍，突然，一只小白兔跑过她们身边，一边跑一边念叨着：哎呀，我要迟到了！小女孩看见这只兔子还从衣袋里掏出了一块怀表看了看。她感到好奇怪，便站起来去追那只小兔子。小兔子一会儿便钻进了兔子洞，小女孩就跟着兔子也钻进了小小的洞里。可是一到洞里，兔子却不见了，只有一个四周尽是门的大厅……"

道奇森先生讲到这儿，故意停住了，说道："欲知后事如何，且听下回分解。"

孩子们当然不答应啦。小爱丽丝的眼睛里闪着焦急的神色，她抓着道奇森先生的手说："求求您啦！道奇森先生，现在就是下回啦，讲下去吧，小女孩后来怎么样啦？"

从那以后，道奇森先生的这个即兴编出来的故事，就一发而不可收了。孩子们想要他不停地讲下去呢！

有一天，道奇森先生又坐在洒满阳光的绿草地上，为她们讲了一段小女孩在地下奇境中遇到了爱发脾气的“红心王后”的故事。喜欢刨根问底的小爱丽丝，双手托着下巴，忍不住问道：“请问道奇森先生，您知道这个小女孩叫什么名字吗？”

道奇森先生故作认真地想了一会儿，然后刮着小爱丽丝的鼻子说：“嘿，我想起来了，这个小女孩的名字就叫爱丽丝，爱丽丝·利德尔……”

爱丽丝五岁那年冬天，在圣诞节就要来临的时候，道奇森先生披着满身的雪花，走进了爱丽丝姐妹们的小房间。

原来，道奇森先生为了让孩子们高兴，悄悄地把他所讲的故事工工整整地写了出来，然后又亲手为故事画了有趣的插图，并且还制作了一个墨绿色的绸布封面，装订成了一本漂亮的小书，书名就叫《爱丽丝地下冒险记》。

他把这本手写的童话，作为圣诞礼物，送给了他所喜欢的美丽的小女孩爱丽丝和她的姐姐们。

这本童话书，就是今天全世界的孩子们都非常喜欢的、卡罗尔的经典童话名作《爱丽丝漫游奇境》。“卡罗尔”就是道奇森的笔名。

陈伯吹在童年时代就听说过这个爱丽丝奇遇的故事。念大学后，他特意从图书馆里借阅过这本英文童话。

现在，轮到他给小读者们写童话了，他突然想到：假如那个小爱丽丝有一天来到了中国，她亲眼看到半殖民地半封建社会的中国，尤其是看到上海这个光怪陆离的城市的景象，会有什么样的感想呢？爱丽丝来到上海，又会发生怎样的故事呢？

于是，陈伯吹动笔写了这本《阿丽思小姐》。

当时，"爱丽丝"这个名字，有的翻译家译成"爱丽丝"，陈伯吹翻译为"阿丽思"。他的这本童话,后来被人们称为"中国版《爱丽丝漫游奇境记》"。

《阿丽思小姐》为小读者们塑造了一个天真烂漫、勇敢机智、聪明能干、却又有点骄傲和粗心的小姑娘——全新的"阿丽思"的形象。

正如陈伯吹后来在为这本童话写的《后记》里，谈到创作缘起时所说的那样：

> ……通过阿丽思的所见所闻，反映给中国的孩子们，让他们从艺术形象的折光中，认识自己的祖国面貌，该爱的爱，该憎的憎，什么是是，什么是非，然后考虑何去何从，走自己应该走的道路。

童话里的小阿丽思是那么天真、活泼和淘气，让人一下子就会喜欢上她。发生在她身上的故事，也是在那些心地单纯的小女孩身上经常发生的。

例如，她第一次遇见袋鼠，一时想不起老师曾经告诉过的名称，就胡乱地称袋鼠为“马驯太太”。而她又不虚心聆听袋鼠妈妈的解释，结果闹出了不少笑话。

又如，她得知“昆虫国”要举办音乐会，就想去凑凑热闹。可是她又看不懂“入场券”，看错了袋鼠妈妈的寻子广告，把“人”字看成了“入”字，又闹出了笑话。

当看管城门的螳螂兵不让她进去时，这可难不倒聪明伶俐的阿丽思。在滔滔不绝地宣讲了一顿大道理之后，被说得目瞪口呆的螳螂兵只好甘拜下风、俯首称臣，让她进城去了。

进城后，她又冒冒失失地踏碎了荧博士的手电筒。为了逃避赔偿，她耍赖使横，让荧博士哭笑不得、无可奈何……

后来，她又碰到了在池塘里洗澡的金钱蛙，因为金钱蛙揭了她的老底，她恼羞成怒，顿时又表现得像个不依不饶、无所畏惧的男孩子一样……

这部长篇童话是一节一节地在《小学生》半月刊上连载的。当时的很多小读者都被这个故事吸引住了，一期一期地等着刊物，想知道这个小姑娘后来会怎样……

可是，就在故事写了一半的时候，1931年9月18日，日本侵略者悍然侵占了我国东北三省，震惊中外的九一八事变爆发了！

当时，蒋介石和国民党反动派采取了“不抵抗主义”，日本帝国主义的气焰更加嚣张，中华民族步入了屈辱的岁月。

这时候，全国人民同仇敌忾，抗日救国的激情迅速发展为燎原之火。陈伯吹也和所有爱国同胞一样，投身到了伟大的抗日救亡洪流之中……

在这事关国家和民族危亡的时刻，陈伯吹想，他笔下的阿丽思的故事，应该怎样往下继续呢？他想：

> 我再也不能循规蹈矩地继续按照原计划写下去了。阿丽思不再仅仅是正常的、健康的“普通一女孩”，她应该是反抗强暴的“大无畏的小战士”了。……

于是，阿丽思的故事里，接着又增加了反抗帝国主义、维护正义与和平的情节。阿丽思从梦游中回到了血与火的现实生活中，从游戏的、自然的乐园里，回到了关心国家大事的生活中。这个原本粗心、淘气、嘻哈的小姑娘，最后变成一个奋起反抗、无比勇敢和富有正义感的，敢于战斗的小战士、小英雄了。

《阿丽思小姐》单行本出版后，很多家长和小读者称赞说：“这才是我们中国的阿丽思，她代表着千千万万不愿做‘小亡国奴’的中国孩子！”

在《阿丽思小姐》准备出版的时候，陈伯吹又承受了一次亲人离去的剜心之痛。

他的四弟汝敏在小学任教，因为过度劳累，得了肺病，不幸过早地离开了人世。

这是命运对陈伯吹的又一次沉重打击！他的两个弟弟和一个妹妹，都因疾病过早离世了！

陈伯吹含着眼泪为三弟写了一首痛彻心扉的悼亡之歌：

正当我们困难的辰光，
你来衔着苦杯共尝；
总见你埋头伏案，提笔匆忙，
其时弦月斜西，鹃啼凄怆。
应是人生茹苦似糖，
只是你撒手年才少壮！
痛惜从此不相过往，

纵然天老地荒。

料理完亡弟的后事，怀着哀伤和疲惫的心情回到北新书局后，他在即将出版的《阿丽思小姐》扉页之后的插页上，写了这样几行题词，寄托自己绵绵不绝的哀痛和伤逝之情：

此书呈献给我的亡弟汝敏

我给了阿丽思这样一个幽默的生命，却不能从病魔手中卫护康复你的生命，——你生前是此书的爱好者。献给你。

在《阿丽思小姐》出版后，又发生了这样一件事情：有一位名叫康同衍的女士读了这本书后，给陈伯吹写来了一封热情洋溢的书信，同时给作家提出了一些建议：

《阿丽思小姐》即日就一口气地读完了。我不禁替中国的、全世界的孩子们庆幸：有一位这样的好母亲，在不断的绞脑汁，写出这许多划时代的、她们需要的东西来教育她们……中国的儿童读物译成外国文学恐怕未曾有吧？我想在不久的将来，这本书，总有人来翻译的。一位18世纪的阿丽思，跑到中国来好几年了，她没有起到麻醉中国儿童的把戏，反而给她变成一个新世纪的儿童，回到祖国，这是多么有意思的事。我希望有人快快把她送回祖国一转，让她把中国的生活告诉异国的孩子们。我又希望先生继续把阿丽思带到东北去一趟，等她告诉我们她在东北干过些什么。……

正是受到这封读者来信的启发，陈伯吹在《阿丽思小姐》出版之后，又写了另一本童话《波罗乔少爷》，作为《阿丽思小姐》的“姊妹篇”。

这是一篇具有讽刺和幽默意味的童话。故事的小主人公是一个12岁的小男孩，他身上有不少诸如懒惰、不讲卫生、蛮不讲理、自私、颐指气使等生活恶习，结果他身边的很多小物件都对他十分不满，甚至有些厌恶……

在故事里，时钟会为他叹息，鞋子会在他脸上跳舞，袜子变成了“灰姑娘”，牙刷跛了腿，毛巾被判了死刑，水瓶开始怒气冲冲地反抗，连书包也心怀不满……

最后，让波罗乔少爷的命运发生了转变的，是一副淘气的眼镜。只要一戴上眼镜，他就看得见自己的过去。波罗乔戴上眼镜，看到了自己的“丑恶史”……

故事最末，陈伯吹故意留给了小读者一个带有规劝、又富有期待意味的结尾：希望他改过自新，将来有机会听到他的“光荣史”……

在陈伯吹心目中，波罗乔其实是一个资产阶级大少爷的化身。他想用这个童话告诉孩子们，什么是好的，什么是不好的，什么是健康的、积极的、光明的，什么是病态的、腐朽的、黑暗的。他期望小读者读过这样的故事之后，能够有所启发，成为一个关心他人、关注社会、奋发有为的人。

陈伯吹在后来为《波罗乔少爷》的再版写的《后记》里说到，他写这篇童话，是受到了当时苏联的一位有名的儿童文学作家楚科夫斯基写的《脏老太婆的烦恼》（任溶溶译）的启发。

“我和楚柯夫斯基，相隔万里，从不相识，谁也不至于‘依样画葫芦’，但彼此的作品何其相似乃尔。”他认为，这是因为他们作为儿童文学作家，“都是由于重视儿童的品德教育”，因而才“心有灵犀一点通”。

# 19 相爱的人

陈伯吹在主编《小学生》半月刊的时候，他的作者中有一个女孩叫吴鸿志，她是陈伯吹在幼师教课时的学生，平时十分文静，很少言语，只是默默地、勤奋地给《小学生》写一些新闻报道类的短稿子。

大约是1930年的秋天，北新书局的一位热心的编辑同事觉得，陈伯吹已经到了该谈恋爱的年龄了，却还是单身一人，每天独来独往的，就想给他介绍个女朋友。

陈伯吹一心想着多挣点薪水，好帮助家中的母亲和弟妹，平时只顾着写作、教书和编辑工作了，哪里有心思谈恋爱呢！不过经这位热心的同事一撺掇，也就同意了先与女方见见面再说。

不料，同事介绍给他的这个女朋友，竟是他的学生、也是《小学生》的作者吴鸿志。

陈伯吹对吴鸿志的印象一直很好，觉得她娴静、善良，而且多才多艺、能歌善舞，会跳水兵舞，还会弹钢琴，歌也唱得好……

但是，有一点一直让陈伯吹心存犹豫：吴鸿志是有钱人家的女孩，家境不错，在陈伯吹的想象中，吴鸿志身上也许会有一些“阿丽思小姐”的脾性吧？

哪知道，当那位同事向吴鸿志介绍陈伯吹时，吴鸿志半是惊喜、半是羞涩地说道：“我什么都不懂的呀，这个要听我母亲的意见。”

吴鸿志的母亲出身书香门第，外公是嘉兴的一位前清举人。母亲年轻时在当时的吴江县盛泽镇小学当过老师，到上海后成了基督教徒。吴鸿志原来就读的是一所教会学校“圣玛利亚附属小学”，后来升入幼师学校。因为有着良好的家庭教育，吴鸿志对母亲十分尊敬和孝顺。

吴鸿志回家把陈伯吹的情况告诉了母亲，母亲笑着说：“你把他写的书，拿回一两本我先看看吧。”

吴鸿志向陈伯吹要了一本《学校生活记》，带给了母亲。

母亲读了这本书之后，和吴鸿志的父亲吴浩森（灌梅）先生慎重地讨论了一番，最后达成了一致的意见：虽然这个陈伯吹出身于清贫之家，目前也还是一个比较清贫的教书匠和以“爬格子”为生的人，但是人穷志不穷，这就颇为难得了！

也就是说，父母亲初步答应，他们可以交往了。

不久后的一天，陈伯吹应邀来到吴鸿志家做客。

“请问陈先生有什么信仰吗？信不信基督教呢？”吴鸿志的母亲询问了陈伯吹的一些家庭情况后，又问道。

“不，我不信教。”陈伯吹只好如实相告。

“哦，这个嘛……你知道，我是个基督教徒，鸿志也念过教会学校，我一直想给鸿志物色一个信教的男朋友。”

“阿妈，信不信教，这是个人的自由选择，不应强求的。”吴鸿志生怕母亲反悔了。

其实，这时候吴鸿志心里明白，也早就知道，陈伯吹是一个有信仰的人，他信仰的是马克思主义，是共产主义。只是她不知道，早在宝山一小教书时，陈伯吹就确立了自己的信仰，并且和几位要好的同事秘密地宣过誓……

陈伯吹是幸运的，很快就得到了吴鸿志和她的家人的信任与认可。他们两人在原先已有的师生友谊、编辑与作者的关系上，很快就往前进了一步，变成了相知相爱的恋人。

1930年冬天，吴鸿志从幼师毕业，留校担任了音乐和体育老师。陈伯吹还继续担任着幼师的地理课老师，所以，他们不仅是一对形影不离的恋人，还成了一起教书育人的同事。

第二年，吴鸿志考入了大夏大学中等师范专修班，继续念书进修；陈伯吹也告别了孤独的“单身生涯”，心灵上、生活上都有了一个温暖和幸福的港湾……

与吴鸿志相亲相爱之后，陈伯吹的精神状态一下子改变了许多。

他觉得自己每天都有用之不竭的热情和力量。他不停地写啊，编啊，兴致勃勃地去学校里上课。难得的是，无论是创作、编书、教课，吴鸿志都是她志同道合的朋友和恋人，在每一项工作上都能给他提出一些好的建议来，既是他的作品的读者、刊物的作者，又是他教学上的同事和朋友。

但是不久，日本就发动了侵略战争，打断了他们静美的生活。

东北九一八事变、上海“一·二八”事变相继爆发，一对恋人的平静和幸福的生活，也不得不伴随着战争的炮火，卷入整个中华民族同仇敌忾的岁月之中……

夜莺，你又在枝头上停；

你又在快乐地婉转地鸣。

但是，夜莺！
你在歌唱些什么事情？
红桃的倩影？
柳绿的娉婷？
尽是些春天的风韵！
春天的风韵呀，梦里也无处找寻！
现在所有的只是飞机阵阵，
大炮声声，
我们的一切都已成了灰烬！
纵使春天的风韵再好，
可是谁还有兴致来听？
莺啊，莺啊，请你歌唱革命！
若是你聪明你随便歌唱革命！

在一阵阵炮火声中，陈伯吹也只能暂时放下个人的儿女情长，为读者、为孩子们唱起了《请你歌唱革命》这样的“战歌”。

1933年4月2日，陈伯吹和吴鸿志这一对乱世恋人，依照吴鸿志母亲的要求，在上海圣约翰大学礼堂里举行了一个西式的婚礼。

一年之后，1934 年 10 月 1 日，他们有了一个男孩，取名“佳洱”。在陈伯吹、吴鸿志这两位教师出身的父母的悉心培育下，陈佳洱长大后，成为新中国著名的物理学家、学者，还担任过赫赫有名的北京大学的校长。

当然，这是后话了。

现在，让我们继续回到上海的战乱年月里……

1982 年陈伯吹夫妇与儿子陈佳洱在上海家中。

# 20 与幼小者

1931年九一八事变爆发仅仅四个月后，1932年新年期间，远东第一大城市上海也被浓重的战争阴云笼罩了。

日本侵略者的军舰大摇大摆地驶进了黄浦江口，日本海军陆战队的装甲车也横冲直撞地开进了闸北一带的街道……

这就是震惊中外的上海“一·二八”事变。

“一·二八”事变爆发后，幸有英勇的十九路军和上海人民奋起抵抗，日本侵略者遭到了沉重的打击，不得不暂时停战，与国民政府谈判，最后签订了《淞沪停战协定》，停止了对上海的进攻。

《淞沪停战协定》签署后，上海的战事暂告结束，社会秩序逐渐恢复，书刊出版业也起死回生……

这时候，陈伯吹变得比以前更加忙碌了。

除了继续在北新书局主编《小学生》杂志，他在外面的兼职也增多了。大夏大学开办了暑期讲习班，邀请陈伯吹去讲授儿童文学课；远在浦东高桥镇上的新陆师范学校，也邀请陈伯吹每周去上一次儿童文学课……

这些兼职，让他更加劳累，但并没有影响《小学生》的编辑出版。相反，《小学生》在读者中的口碑越来越好，市场销路也越来越广了。

《小学生》良好的出版情况引起了上海滩另一位出版人的关注。他就是儿童书局的经理张一渠（笔名徐晋）。

早在1932年8月以前，张一渠就开始筹办一份《儿童杂志》，分高、中、低三个年龄段出版三种版本。他看中了陈伯吹又能写、又能编的才华，很想把陈伯吹“挖”到自己公司里去。但是，陈伯吹是一个讲朋友道义的人，北新书局的李小峰、赵景深对他有知遇之恩，他没有答应张一渠的延请。

张一渠只好退而求其次，把陈伯吹的名字列在《儿童杂志》的“特约撰稿者”名单中。这份特约作者名单里，另有陶行知、吴研因、陈鹤琴、沈百英等赫赫有名的儿童教育家和儿童读物作家。由此可见张一渠对陈伯吹的推重。

在陈伯吹写完长篇童话《波罗乔少爷》后，张一渠好说歹说，硬是从陈伯吹手上把稿子拿走，放在《儿童杂志》高年级版上开始了连载。

当时，上海出版界各家书局之间的竞争还是十分激烈的。对于儿童书局对陈伯吹的频频“示好”，北新书局的老板李小峰不可能视而不见。

随着陈伯吹在儿童读物创作和出版上的名气越来越大，不少出版社都来找他约稿。陈伯吹又是一个很好说话的人，只要自己能做到的，也就不好意思说“不”。在这期间，陈伯吹还应邀为商务印书馆编辑了一套初级的《小学国语课本》，并配套编选了八册《小学语文默读课文》。

正是因为有了这几次在北新书局之外的撰稿和出版举动，北新书局的老板对陈伯吹产生了不满，觉得陈伯吹已经对北新书局有了“二心”，不可久留了。

不久，北新书局就借故解除了陈伯吹与北新书局的合约。

陈伯吹当然也是一个十分敏感、自尊心很强的青年，但是为了双方的情面，即便心里有些依依不舍，也还是友好地离开了已经供职数年的北新书局。

陈伯吹离开北新书局那天，李小峰特意摆了一桌酒席，感谢他为北新书局做出的贡献。

陈伯吹在北新书局工作期间，仅是《小学生》半月刊，就出版了 71 期，每一期刊物都浸透了陈伯吹的心血和汗水。

1934年春天，张一渠的儿童书局聘请陈伯吹担任编辑部主任。

陈伯吹在儿童书局除了主编《儿童杂志》《儿童常识画报》《小小画报》三种杂志，还和新同事们一起，陆续编辑了一套200本之多的《儿童半角丛书》和120本的《我们的中心活动丛书》等。

童话大师安徒生曾在自传里说过，他在青年时代为童话付出的努力，“就像一个山民在坚硬的花岗岩上开凿石阶一样”。陈伯吹在儿童读物的写作、编辑和出版事业上也是这样，一步一步、一级台阶一级台阶地迈进和开凿着。

在儿童书局工作期间，他又挤时间熬夜为小读者们创作了长篇故事诗《伟人孙中山》、儿童诗集《新儿童诗歌》和童话诗《牧童》等作品。

最让陈伯吹难忘的是，青年音乐家、《义勇军进行曲》的创作者聂耳为他的两首儿童诗谱写了曲子，还录了唱片。其中有一首《小野猫》，还收进了《聂耳歌曲集》。

也是在这个时期，文学研究会元老之一、著名作家王统照先生，在家乡编辑了一本《山东民间故事》，特意邀请陈伯吹为这本书写了序言。可见陈伯吹在当时儿童文学界的地位和影响。

1937年七七事变爆发后，漫长和艰苦的抗日战争全面开始了……

像所有爱国同胞一样，陈伯吹以文学为武器，以手上的刊物为阵地，全身心地投入到了抗日救国的洪流之中。

这一年的8月13日，日军把侵略的战火烧到了黄浦江边，美丽江南的大片土地，遭到了侵略者铁蹄的践踏。

10月26日，日军突破了上海大场防线，企图切断闸北、江湾中国军队的后路，形势十分危急。当晚九时，整个闸北一带火光冲天，硝烟弥漫，上海危在旦夕！

闸北大火烧起的时候，爱国将领谢晋元受命率领第524团第一营官兵411人向南推移，继续留守闸北，掩护大部队撤退。

10月27日凌晨，谢晋元团长带领部队穿过敌人猛烈的炮火，进驻苏州河北岸的四行仓库。四行仓库原为盐业银行、金城银行、中南银行、大陆银行在上海设立的联合营业所的仓库，钢筋混凝土结构，可抵抗日军的中型山炮轰击。一到这里，谢团长就迅速布防，构筑工事，并对闻讯赶来采访的《新闻报》记者说："以身许国是我军人应有的天职。"

这天早晨七时，日军不知四行仓库虚实，不敢轻易进犯，就先用大炮乱轰了一阵。直到午后时分，日军才向四行仓库发起了猛攻。谢团长带领全团战士沉着应战。他号召坚守仓库的壮士们："人在阵地在，誓与日军血战到底！"他们在这里和日军激战了一天，使日军在苏州河边伤亡 80 余人，我军士气大振！

与此同时，谢团长率军死守四行仓库的消息迅速传遍了上海，市民们无不敬佩感泣，把他们誉为"八百壮士"。

每天从早到晚，数以万计的各界群众不顾北岸日军的流弹，聚集在苏州河南岸，表达对坚守四行仓库的将士们的感佩和关心。10 月 28 日黎明时分，上海市商会派出一人，携带慰劳品渡过苏州河，进入了四行仓库，向将士们敬献了一面新制的青天白日旗，以表达全市人民的崇高敬意。

谢团长命令战士把这面"青天白日满地红"的旗帜在仓库大楼楼顶升起，隔河观望的市民看到了，都拍手欢呼。不日，一首《歌八百壮士》的歌曲也创作出来并传唱开了：

中国不会亡！中国不会亡！

你看那民族英雄谢团长！

中国不会亡！中国不会亡！

你看那八百壮士孤军奋守东战场……

在这期间，陈伯吹也多次冒着炮火，深入苏州河南岸，采访和慰问抗日将士们，并以慷慨激昂的文字，陆续写出了《那是我们第一年的第一天》《有一座塔碑》《从战争中长大起来》《难童的哭诉》等诗文。这些文字，是血与火的燃烧，也是国仇家恨的记录，真实地反映了当时全国人民的抗日决心和炽热的爱国情感。

有一天，陈伯吹从外面采访回来，意外地收到了一封从老家寄来的书信。

“烽火连三月，家书抵万金。”陈伯吹已经好久没收到母亲和弟妹的消息了，便迫不及待地拆开了书信。

这封信是老母亲写来的，母亲告诉他说，日本飞机扔下的炸弹轰炸了宝山，把他们的老屋炸成了一堆瓦砾，几乎整个罗店都变成了焦土，全家人又流离失所了……

罗店的老屋，是他和弟弟妹妹童年时的憩园和避风港，是从老祖父那一代就留下来的唯一的念想。

几经风雨波折，乃至典押和赎回，老屋总算保留到了现在。

可是现在，老屋终于也毁在日本强盗的手中了！

陈伯吹在晚年写的回忆散文《日日夜夜仰望着北斗星》里，写到了自己在得知老屋毁于日本侵略者炮火之下时的伤痛与悲愤，并由老屋的焚毁想到民族的灾难：

那一夜，我梦见老屋风貌依然，耸立在镇东梢东南巷的转角处。外面虽然黑暗，屋里却漏出灯光，一家八口，正团聚在一起，“叙天伦之乐事”……忽然地刮起一阵暴风，夜空布满了乌云，蓦地传来一声巨响，红光刺眼，叫人头昏目眩，接着大雨如注。在密密麻麻的雨幕里，但见一排爱国爱人民的十九路军战士，戴笠帽，披蓑衣，沿着家家户户的墙角，提着步枪，扛着机关枪，猫着身体，快步前进。母亲热心地烧茶水，弟妹们殷勤地端上请喝，可他们不肯进屋里来歇息，要趁黑天夜雨敌机暂时敛迹的时刻，化整为零地分散急行军，争取在天亮以前，赶上吴淞火线，这些英勇可爱的人哪！……忽然地镇上乱纷纷的，扶老携幼，抱锅负筐，人心惶惶然，逃出家门，白色恐怖笼罩着全镇……忽然地连珠炮声响起，浓烟四起，火光冲天，街上的房屋，整幢、成排地倒塌了！老屋被大火包围着了……

我在这连天烽火中，没有看到老屋从战火中化作金凤凰振翅奋飞，却看到了它庄严地化成血红的“还我河山”四个笔力千钧的大字，呀！那不是“精忠报国”的宋代抗敌名将岳飞的手迹吗？……

我猛然醒来，想着、想着，老屋——它只是一家一屋的事啊！重要的是那国家大事……我摸黑起身，蹑手蹑脚地轻悄悄推开篱笆门，闪身出去，什么也没听到，见到，除了从三四十里外传来的枪炮声，“噼噼啪！轰隆隆！……”远处漆黑的天边，镶嵌着一道血红血红的可怖的光。这是弱肉强食的死光！啊，这是什么时代？这又是什么世道？

我气愤，怒火在心头燃烧：从老屋想到我们的一家，想到成千上万的家被毁损、千百万人的被屠杀，想到灾难深重的中国人民，其中妇女与儿童的遭遇与命运，更为悲惨，令人发指！我想，我虽是个孤儿，尚未成年，却早已背负起家庭的重担，在国难日深的日子里，我未能投笔从戎，卫国保家，难道也不能口诛笔伐，宣传抗战吗？

日日夜夜的炮火声，日日夜夜激荡着我脑海里的记忆之波，小时候念过的《汪踦国殇》、《弦高犒秦师》和《嘉定石童子》等等历史人物故事，潮水般地涌上心头；更有那些文学作品，辛弃疾、陆放翁的诗词，文天祥的《正气歌》，法国作家都德的《最后一课》和《柏林之围》，都像浮萍那样地漂了来；

李清照的慷慨悲歌的《绝句》，不假思索地来到我的嘴边："生当作人杰，死亦为鬼雄……"

……

母亲念念不忘那老屋，要不是她年老体弱，我们肯定阻止不了她奔赴这片"瓦砾场"的。她老人家目睹"国破山河在"的景况，已经够伤心的了，哪还能再增加她的悲哀呢！

当时，想到破碎的河山，中华民族正在蒙受的屈辱与灾难，还有自己的老母亲和弟妹们又一次流离失所的伤痛……陈伯吹耿耿难眠，披衣重读了鲁迅先生翻译的、日本作家有岛武郎的散文名作《与幼小者》：

幼小者啊，将不幸而又幸福的你们的父母的祝福带在胸中，上人生的行旅去。前途是辽远的，而且也昏暗。但是不要怕。在无畏者的面前就有路。

去吧，奋然的，幼小者啊。

读着读着，陈伯吹悲愤难抑，禁不住泪水纵横……

他在夜色浓重的子夜时分，写就了又一篇血泪文章《一年来的中国儿童》。他书写自己亲眼见到的残酷事实和触目惊心的战争疮痍，控诉了日本侵略者的暴行给中国孩子带来的苦难，借以唤起爱国同胞对战争、对侵略者的憎恨和反抗之心。

这时候，上海除了少数租界，其他地方都被日军占领了。他明白，此时发表这样的文章会给自己带来极大的风险。于是，他在文章的末尾注上了“寄自香港”的字样。其实，这时候他哪里也没有去，一直守在上海这座“孤岛”上。

# 21 鲁迅先生

1936 年春天的一个下午，在陈伯吹的文学生涯中，发生了一件让他终生感念、每每想起来都感到无比温暖的事情。

这天午后，在上海内山书店里，他与伟大的思想家、文学家鲁迅先生见了一面，亲耳聆听了这位文学大师的教诲。

“我跟鲁迅先生的会面是偶然的、短暂的，但是鲁迅先生的容貌常常出现在我的脑子里。我一直想着鲁迅先生多么关心少年儿童，多么关心少年儿童的读物。”陈伯吹后来在《回忆和策励》等文章中这样回忆道。

鲁迅先生一生爱憎分明，他的著名诗句“横眉冷对千夫指，俯首甘为孺子牛”，可以说是对他性格的最生动刻画。陈伯吹毕生将鲁迅先生的这两句话奉为圭臬，并身体力行。

鲁迅先生一向关注孩子的成长。他尊重孩子，关心孩子。

早在1918年，他就向全社会发出了“救救孩子”的呐喊。在那之后不久，他又在《我们现在怎样做父亲》里，忠告成年人要能够“自己背着因袭的重担，肩住了黑暗的闸门”，而放孩子们“到宽阔光明的地方去；此后幸福的度日，合理的做人”。

陈伯吹从开始接触新文学，就很爱读鲁迅先生的书和文章。他知道，鲁迅在自己的许多作品里，都不无留恋地描写了他的童年以及童年时与小伙伴们在一起的生活。《从百草园到三味书屋》《社戏》《阿长与〈山海经〉》《故乡》等，无论对小读者还是成年人，都有着迷人的魅力。这些作品也深深地影响着陈伯吹的儿童文学创作。

鲁迅把自己最美好的希望寄予未来的孩子们，相信“他们应该有新的生活，为我们所未经生活过的”好日子。他很欣赏日本作家有岛武郎在《与幼小者》里说的一段话，他觉得这也是他的心声：

“幼小者啊！将又不幸又幸福的你们的父母的祝福，浸在胸中，上人生的旅路吧。前途很远，也很暗。然而不要怕。不怕的人的前面才有路。走吧！勇猛着！幼小者啊！”

他因此也常常为自己曾经在儿童身上做过的“错事”而感到愧疚和不安，觉得那无异于一种“精神的虐杀”。

陈伯吹觉得鲁迅先生的话、鲁迅先生的书就像一面面明亮的镜子，他时常拿来照一照自己，也照一照自己对幼小的学生们和对自己的弟弟妹妹们的态度。

在没有见到鲁迅先生之前，陈伯吹就听赵景深等人讲过鲁迅先生如何喜欢孩子的故事。

他记得较深刻的一个细节，说是鲁迅的儿子海婴很小的时候，许多文坛朋友常常在他家里聚谈到深夜。每当这时，先生总会悄悄地关掉炽亮的电灯而点起蜡烛。他说，孩子要睡觉时是最怕光的,我们不能影响他。他在写给友人的书信里，也总不忘附带记上几笔海婴的成长痕迹，一腔拳拳的慈父之心令人感动，真是“无情未必真豪杰，怜子如何不丈夫”。

陈伯吹清晰地记得 1936 年 2 月那个下午的一幕。

那天，他和一位文友一起，为了一本刊物准备连载的法国作家凡尔纳的小说《十五小英雄》的事情，到中美图书公司去找书。

要找的书没有找到，他们又转到了北四川路上著名的内山书店，想在那里找找看。

陈伯吹一走进内山书店，迎面看到了一个穿着深灰色长衫、上唇留着短髭须的中年人，正坐在椅子里和人谈天。

这个人怎么这么眼熟啊?

陈伯吹愣神一想，顿时喜出望外：天哪！这个人！自己无数次在报刊和书本上看到过他的照片、也读过他很多著作，这不是鲁迅先生吗？

是的，是敬爱的鲁迅先生！短短的、直立的头发，和蔼的面容，轻声细语的谈话，还有手不释卷的姿态……

陈伯吹禁不住一阵激动，觉得自己的心跳都加快了！

要知道，在那个年代，在那个时候，很多青年人都把鲁迅视为自己人生的导师，视其为“精神领袖”，就像杂文家徐懋庸后来所说的那样，“人谁不爱鲁迅”。

这可真是一个千载难逢的好机缘。陈伯吹连忙趋步向前，握着鲁迅先生的手，向他做了自我介绍。

鲁迅先生和蔼地听完了陈伯吹的自我介绍，微笑着说：“哦，陈先生是为小读者们服务的，了不起，了不起！”

鲁迅先生一边说着，一边给陈伯吹和他的朋友让了座位。

“给儿童们编编写写，其功不在禹下啊！”鲁迅先生说，“儿童的文学，既要有游戏益智的一面，恐怕也离不开对儿童的教养和化育吧？”

陈伯吹连连点头。

鲁迅先生又关切地问道：“陈先生除了给小读者编辑刊物，还有别的职业吗？”

"还在外面给小孩子教一点课程。"

"呵呵,这样更好,为小孩子编编写写,理当'好为人师'。"

因为太过兴奋和激动，陈伯吹只顾着一个劲地点头，似乎忘记了向鲁迅先生具体请教一点什么，甚至把找书的事也抛在了脑后。

还是内山书店的主人内山完造先生主动走过来，轻声问道："有什么可为先生效劳的吗？"

陈伯吹这次想起找书的事，就在一张白纸上，写下了要找的那本《十五小英雄》的英文书名。

内山先生在里面找了好一会儿，搬来了凡尔纳的好多本同类小说,如《地心游记》《海底两万里》《格兰特船长的儿女》《环游月球》等，就是没有找到《十五小英雄》这本书。

这时候，还是鲁迅先生提醒说："也许，陈君要找的这本书并非很知名，或者是这篇作品附在别的同类书中，不曾刊印过单行本？"

陈伯吹恍然大悟道："周先生说得极是，可能是不曾有过单行本。"

"那么,依我看来,这本书或许也可以不必着急译出的吧。"鲁迅先生又轻轻说道。

陈伯吹这时才想到，机会难得，应该向先生请教一些问题才好。

“请问周先生，近来可有什么好的日本儿童文学值得介绍给中国的小读者们？”

“似乎没有吧？”鲁迅摇摇头，缓缓地吸了一口烟卷，若有所思地说，“倒是有岛武郎君有一篇《与幼小者》，不妨留意一下。当然，这也是写给成年的人们的。”

“好的，《与幼小者》。”陈伯吹赶紧记下了这个题目。

“周先生，其他欧美国家的儿童读物呢？有没有特别值得推荐的？”

“欧美各国的，自然应该是有的，只是我不懂英文，知道得不多。不过，相比翻译和介绍外国儿童读物，陈君倘能多刊登一点本国作家自己的创作，或许更为当务之急吧？”

陈伯吹一边聆听着鲁迅先生的指点，一边频频点头。

这时候，陈伯吹想到了自己的几本习作，就大胆地说出了心中早有的一个愿望：“如果有机会，我一定专程把几册拙作呈给先生，请先生指点教正。”

鲁迅先生微微一笑，致谢道：“谢谢！不用啦，我自己会买来拜读的。”

为了选择能连载而又饶有兴趣的外国长篇儿童

小说，在内山书店见到了伟大的文学家鲁迅先生，在向他讨教了关于世界儿童文学作品的情况后，在“应有文章”地谈到了国内儿童文学的作品时，我提到了自己写得不像样的这两个姊妹篇（即《阿丽思小姐》、《波罗乔少爷》），意在求教，遗憾的是终于因为种种原因，没有能把那先后出版的四册童话和小说（包括《华家的儿子》和《火线上的孩子们》在内）一起送请求得斧正，从而也没能得到进一步的宝贵的亲切的教导，作为终身从事儿童文学工作的“座右铭”，迄今还认为无法弥补的无比的遗憾！

后来陈伯吹在《波罗乔少爷》重新出版时写的《后记》里，再次写到了与鲁迅先生的这次珍贵的谋面机缘，还有留在心中的一份意犹未尽的遗憾。

这次见面虽然只是短短一会儿，但是，鲁迅先生的神态和语气，还有他握手时传递出来的那份温暖、友好和期望，都深深烙印在陈伯吹的心头，使他受到很大的感动。

临别时，鲁迅先生还叮嘱说：小孩子们心地单纯，对成年人怀着很高的信任和期望，因此，成年人应该严肃认真地为幼小者工作，严厉地审视自己编写的东西，以不至于贻误年轻的下一代……

陈伯吹牢牢地记住了鲁迅先生的教导。他觉得，鲁迅先生的话让他更加坚定了从事儿童文学事业的信念，也给他增添了前所未有的希望和力量。

但是，陈伯吹怎么也没有想到，就在他与鲁迅先生这次见面之后，仅仅过了八个月的时间，1936 年 10 月 19 日，一代文豪鲁迅先生就在上海病逝了。

鲁迅先生去世后，陈伯吹从报刊上读到了这样一则真实的故事。

那是一个深秋的中午，天下着小雨。鲁迅先生坐在内山书店的一角，正和店主人闲谈着。这时，一个穿着黄色制服的年轻人走进来，他是一个公共汽车上的小售票员。他拿起一本有着瓷青色封面的小说，爱不释手地抚摸着。这本书正是鲁迅先生翻译的苏联小说《毁灭》。

小售票员抚摸着书，想买，又犹豫不决。鲁迅先生看在眼里，便走过去，温和地问道："想买这本书吗？"

"是的。"小售票员回答说。

鲁迅先生于是从书架上抽出另外一本中文书递给他："你买这一本吧。"小售票员接过书，见封面上题着《铁流》二字，定价一元八角。他的头便垂下来，让浓密的头发遮住了惭愧的脸色。

“我买不起，先生。”他嗫嚅着说，“我的钱不够……”

“一块钱你有没有？一块钱？”鲁迅先生问道。

“有！”小售票员抬起头，恢复了勇气。

“那么，这两本书你都拿去吧，一块钱。”

小售票员惊喜地一面掏钱，一面仔细地端详着这个奇怪的老人：瘦削的身材，浓黑的胡须，头发一根根倔强地直竖着，和善的眸子里闪着智慧与慈祥的光芒……

小售票员猛地记起了从杂志上看到的鲁迅先生的照片。他几乎是惊叫起来：“哦，您，您就是……”

鲁迅先生轻轻地点点头，微笑着解释道：“这本《铁流》是曹靖华先生译的。他也很困难，得收回一点点成本。我译的这本《毁灭》，就送给你了。”

小售票员感激地深深鞠了一躬，眼睛里噙满了泪水。

他依依不舍地告别了鲁迅先生，匆匆地跑进小雨之中……

四年之后，鲁迅先生终于积劳而逝。这位小售票员得知噩耗，痛苦着追述了这件小事。他说每当困难和忧愁的时候，一想到这件事，一想起鲁迅先生来，自己就坚强起来了。

陈伯吹几乎是流着眼泪读完了这篇真实的回忆文章的。他觉得，这位幸运的小售票员的经历，和当年自己的经历是多么相似啊!

实际上，鲁迅先生也是一代儿童文学大师。他不仅为小读者们翻译过《小彼得》《表》等儿童文学作品,还翻译过《月界旅行》《地底旅行》这样的科学幻想小说,他的散文名著《朝花夕拾》等许多作品，也成了一代代小读者必读的经典名著。

陈伯吹在后来的儿童文学创作、编辑和儿童教育的道路上，始终把鲁迅先生的教导视作自己的指南针。

他在 1957 年为《作家和儿童文学》一书撰写的回忆文章《回忆和策励》里这样写道：

> 我一直思念着：这样一位伟大的作家，这样地热心关怀很少有人关心的少年儿童读物，在我来说，不仅受到了很大的鼓舞，而且以鲁迅先生的光辉榜样来自我勉励。每一回在鲁迅先生辉煌的巨著“杂文”中，翻读到那些具有强烈战斗性的、富有指导性的有关儿童教育和儿童文学的篇页，愈读愈觉得有更深的体会，而经常在工作中鞭策自己，看作在儿童文学“航路”上的指南针。

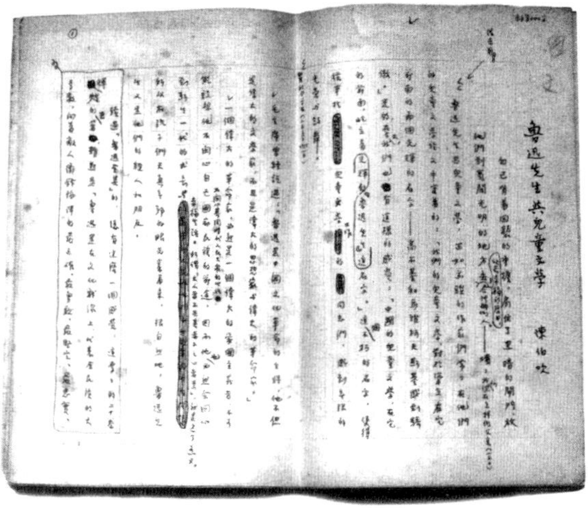
魯迅先生與兒童文學
陳伯吹

陈伯吹先生手迹《鲁迅先生与儿童文学》。

# 22 国破山河在

1937年11月12日，上海南市陷落，上海被日军占领，租界变成了日军包围中的“孤岛”。

这是中华民族历史上的一个屈辱的年份，也是一个让人终生难忘的年份。滞留在沦陷的“孤岛”上的人们，在屈辱中忍耐和等待着，也在漫漫的黑夜里像沉默的火山一样奔突和聚集着迸发的力量……

陈伯吹也是如此。当整个国家和民族蒙受着灾难的时候，当父老乡亲都处在水深火热的战乱中的时候，他怎能祈求个人会有更好的命运！

这时候，儿童文学作家和编辑出版家们所有美好的计划和梦想，都被战争的炮火给摧毁了。陈伯吹的很多创作计划也难以实施，只能靠教书养家糊口了。

有一天，他的一位朋友、大夏大学的教务长鲁继曾向他建议说："伯吹君，眼下国难当头，出版业零落，你也不像以前那么忙了，不如再回到学校，到教育学院来读个学位如何？"

在这之前，陈伯吹从大夏大学高等师范专科进修班毕业时，是没有学位的。而大夏大学的教育学院，当时在国内颇负盛誉，鲁继曾正兼任教育学院院长。陈伯吹满怀感激，接受了鲁院长的建议，又成了大夏大学教育学院的学生。

这时候，他有三个身份：大夏大学儿童文学选修课的讲师，大夏大学教育学院的学生，和华东联合中学的教员。

一直读到 1940 年冬天，他修完了大夏大学教育学院的全部课业，获得了教育学士学位。

风雨如晦的年月里，创作变得越来越困难了，他就利用自己已经熟练掌握的英文，选择了一些外国儿童文学名著，开始了翻译生涯。

这个时期，他夜以继日，翻译并出版或已经着手翻译还没有来得及出版的外国儿童文学名著有：美国作家休·洛夫廷的童话《兽医历险记》（即《杜立特医生历险记》），英国作家斯·梅德缩写的德国作家威廉·豪夫的童话《出卖心的人》，俄国诗人普希金的童话诗《渔夫和金鱼的故事》《小金鸡》，瑞士作家约翰娜·斯比丽的儿童小说《小夏蒂》，等等。

这些儿童文学名著译本，是陈伯吹在艰难的"孤岛"岁月里，给战乱和苦难中的中国小读者点亮的一盏盏小小的风灯，闪烁在漫漫的长夜里。

但是，一个内心燃烧着爱国的火焰、心中装着祖国和民族的命运与前途的作家，每天只靠译书打发日子，肯定是不甘心的。

更何况，战乱的年月里，又不断地传来他的故园、他的亲人和他的朋友们的噩耗……

罗店的老屋被日寇焚毁了，化作了一片瓦砾；他亲爱的妹妹品娟，因为患上了伤寒病得不到医治，那么年轻就撒手人寰，撇下了一个只有两三岁的女儿；他在宝山一小教书时结识的挚友陈荷百，在家乡因为不愿做亡国奴而奋起反抗，惨死在日本兵的刺刀之下……

国恨家仇，一桩桩、一件件……不时地涌上心头，让他耿耿难眠、坐立不安！

他也是一个血性男儿啊！他的心里奔突着团团烈火……

于是，他不断地变换名字，用了不少化名，例如“夏雷”“夏葵”“百川”“柏舟”等，向一些报刊投稿，用辛辣和讽刺的笔触，用充满反抗和战斗性的杂文和特写报道，揭露他所看到的侵略者的罪恶行径，抒发自己心中的爱国激情，也借以激励同胞们团结起来，坚定意志反抗侵略者。

例如他在散文《乡心》的结尾，就引用了爱国将领岳飞《满江红》词中的名句“壮志饥餐胡虏肉，笑谈渴饮匈奴血”，表达了抗日救国的不屈信念。

当时，他在大夏大学的同事、后来成为著名文学家的刘大杰先生，读了《乡心》之后，曾激动地对陈伯吹说道：“陈君，了不起啊！你的胆子真大！”

为了表达对陈伯吹的敬佩和支持，刘大杰还特地把自己珍藏的一本童话名著《杨柳风》的英文原版书赠送给陈伯吹，作为纪念。

然而，陈伯吹的一系列充满反抗精神和战斗性的文章，很快就引起了日本宪兵和汉奸特务们的注意。

1942年，无孔不入的日本特务和汉奸，终于通过蛛丝马迹，找到了一些证据，准备对陈伯吹下毒手了。

而这时候，幸好陈伯吹已有风闻，提前一步逃离了上海。

日本宪兵特务和汉奸到处搜捕陈伯吹，几次都落空了。

他们没有善罢甘休。有一次，特务们得到消息：陈伯吹的妻子吴鸿志因为得了肺结核，正住在红十字医院治疗。

特务们有了一个毒计：只要抓到吴鸿志，就不怕抓不到陈伯吹。于是，特务们闯进医院准备抓人。

但是此时的吴鸿志已经病得连路都走不动了。医生和护士们出于义愤，把特务们堵在门外，呵斥道："你们还有一点人性没有？这是医院！不能随便抓人！再说，肺结核的传染性是很强的，就算你们不怕，我们还怕传染病扩散出去呢！"

日本特务们听到"传染病"三个字，只好悻悻地离开了。

第二天，凶残的日本特务和汉奸们又来到医院，把在医院服侍病人的吴鸿志的母亲抓起来了。

母亲在特务们闯进病房之前，故意高声叫道："我怎么知道他到哪里去了？你们怎么能随便抓人？快放开我！放开我！"

吴鸿志在病房里听到母亲的喊叫，马上明白了，这是母亲在暗示她快点离开这里。

于是，吴鸿志拖着沉重的病体，从病房的二层楼上翻越下去，藏身到了医院草坪上的水泥管道里。

她的母亲却在病房的走廊上，遭到了日本特务的一阵拳打脚踢……

"你们打吧，就算打死了我，我也不知道！"母亲在特务们的打骂声中，高声喊道。

凶狠又狡猾的特务们不肯作罢。他们料定吴鸿志一定就躲在附近，所以想用这种残忍的办法逼迫吴鸿志露面。

果然，吴鸿志不忍母亲继续遭受殴打，就挣扎着扑到特务们面前，用病弱的身子为母亲挡住了特务的拳脚。

“快说吧，陈伯吹现在在哪里？”

“我不知道！我只是个家庭教师，他的事情我哪里知道！”

“你在医院里住院，难道你先生不管你吗？”

“他会管我的，可是现在上海还有什么活路吗？他有能力管我吗？正好，你们帮我去找到他吧，登报寻找也可以，医院的住院费也该付了……”

特务们面面相觑，一时不知怎么办才好。

“要不，你们今天就带走我吧，没有住院费，反正我这结核病也治不好了！”

一听到“结核病”三个字，小特务们吓得赶紧退后了几步，丢下几句骂骂咧咧的话，扬长而去了。

一场危险总算支应过去了。

这时候，陈伯吹已经清楚，自己在上海再也不能安全地待下去了。他在几个朋友的帮助下，化装成一个商人，取道金华、衢州，过南城、宁都进入了江西赣州。

在赣州，他接到了妻子吴鸿志汇来的一笔旅费，然后，又从赣州继续出发。

1942 年 10 月，辗转走过“八千里路云和月”，陈伯吹到达了四川北碚。当时，四川的重庆和北碚，被称为“大后方”。

“国破山河在”，只要中华民族自强不息的精神不亡，只要中华民族的文化不灭，我们的祖国就还有明天，我们的民族就还有希望！

陈伯吹在这里稍作休整之后，立即投入到他所热爱的儿童读物编辑出版事业上了。

他担任了北碚“国立编译馆”教科书部的编审，负责小学国语教科书的编写。

当时，中华书局也搬迁至那里。中华书局创办的《小朋友》杂志，从 1922 年 4 月 6 日创刊，到 1937 年八一三事变被迫停刊，每期都发行 5 万多份，一直居全国刊物发行量之首。陈伯吹曾为这份儿童刊物写过不少稿子。

不久，陈伯吹受聘筹备《小朋友》杂志的复刊工作。

经过四个多月的努力，这本在我国儿童期刊史上资历最悠久、影响也最大的杂志，终于在 1945 年 4 月 1 日又跟小读者见面了。陈伯吹担任了《小朋友》的主编工作。

《小朋友》复刊，是足以写进中国儿童文学史的一件大事。陈伯吹也郑重地为小读者写了一篇饱含感情的复刊词：

诸位小朋友，我们已经七年半不见面了！我想着真要哭，但有什么办法呢？自从那年，我们的仇人，日本鬼子，包围了我的故乡——上海，他们便在四周杀人放火，无恶不作，尤其喜欢掳掠我们小孩子，我们只好躲起来，不出面。

我们不见面这么久，诸位想必惦记着我，我也一样惦记着诸位。好了，现在我们又见面了。三十年[1]冬天，上海沦陷，我觉得不能再在那魔窟里住，只得偷偷地逃出来，到了这战时首都——重庆。一路上辛苦且不说，但是连一件像样的衣服都没有了，竟成了赤身裸体的难童。我早想出来和诸位见面，但是连一件像样衣服都没有。到底有点不好意思。要做衣服，这战时的后方真困难！有了这样，没有那样；勉强有了衣料，又找不着做衣服的人。好容易直到最近，才有点办法，我逼着做，要趁今年四月四日儿童节[2]出来和诸位见面，因为这一天是我们的日子，正可做我们久别重逢的纪念。逼着，逼着，到今天我们到底又见面了。我们来握手吧！

特别值得一提的是，在《小朋友》复刊号上，陈伯吹亲自约请了大作家老舍先生，为小读者写了一篇精彩的寓言故

[1] 三十年，指民国三十年，即1941年。

[2] 当时的儿童节是每年的4月4日。

事《小白鼠》。

像老舍先生这样的名作家也在为《小朋友》写稿，可见大家对这份儿童刊物的复刊是多么爱护和支持。

老舍的《小白鼠》写得真好，后来也成了一篇儿童文学名作：

小白鼠有八个兄弟姊妹。他是最小的一个，也是最好看的一个。他的兄弟姊妹都是灰色的，只有他是雪白的。雪白的毛儿，长长的尾巴，长得非常的好看。他自己也晓得他是非常好看，所以他很骄傲。

他常常这样说："看我这一身雪白的毛儿，圆圆的眼睛！若是我的尾巴稍微再短一点，我简直便和白兔一样的美了！自然，我的聪明是永远比白兔高出得很多，不管我的尾巴是长，还是短！"

小白鼠的妈妈，很不放心她这个最小最好看，也最骄傲的儿子。母亲总是爱小儿子的，因为他最小啊。

鼠妈妈知道附近来了一只大黄猫，就极恳切地嘱咐她的八个儿女说："你们，我的宝贝们！千万要小心哪！那只黄猫能一口咬住你们两个，因为他是一只又大又凶又饿的黄猫呀！”说罢，她特别地对小白鼠又说了一遍，恐怕他骄傲不小心，最容易招出祸来。

可是，小白鼠不信妈妈的话。他对自己说：“像我这样的好看，猫会伤害我吗？不会的！绝不会的！”这样，他便放大了胆，虽然听见猫的声音，也仍旧东跑西跑，一点不留心。

有一天，小白鼠面对面地碰到大黄猫。一看，黄猫的眼睛是那么大，那么圆，那么亮，那么凶，他有点发慌。可是，他沉了沉气，心里说：“不管黄猫怎么厉害，他会看得出我是多么好看，也就不会欺侮我的！”这样说完，他就笑了，对黄猫说：“猫先生，你看我好看不好看？若是我的尾巴短一点，我岂不和白兔一样美了么？”

说完，小白鼠以为大黄猫必定很客气的和他谈一谈，从此他们俩变成好朋友。哪知道大黄猫一声没出，忽然把大爪子伸出来，捉住小白鼠的颈项，就一口咬住咽喉。可怜的小白鼠，痛得眼睛都伸了出来，怎么挣扎也逃不出他的嘴。

大黄猫几口便把小白鼠吃净，连那条美丽的尾巴也没有剩下，吃完，他舐了舐爪子，对自己说："这真是一条好看的小白鼠！可是美丽不但保护不了他自己，也教我吃得不痛快呀，他是多么小，多么瘦啊！"

这个时候，陈伯吹把全部精力都投入到了这份著名的儿童刊物的编辑工作之中，编稿、写稿、审稿、跑印刷所……

一支小小的红蓝铅笔，描画着他此时生活的全部色彩。

直到抗战胜利，陈伯吹返回上海后，他仍然在主编《小朋友》杂志。1947年他又开始兼任《大公报》副刊《现代儿童》的主编。

说到《小朋友》杂志的历史，这里还有一段鲜为人知的故事。

在中国现代革命史上赫赫有名的、有着传奇经历的革命家潘汉年先生，曾于1925年春天，经陈伯吹极力推荐，被《小朋友》主编黎锦晖聘为助理编辑。当时，潘汉年只有19岁。

除了给《小朋友》做文字编辑和校对，青年潘汉年还陆续创作了不少儿童文学作品。同时，他还与陈伯吹合作，在《小朋友》杂志的"小朋友文库"中，陆续出版了根据民间故事编写的《杜宇鸟》《乌龙精》《猫师傅》《水仙花》《玉葫芦》

《五鼠闹京城》《蛤蟆王》《大石桥》等童话故事。

新中国诞生后，潘汉年担任过上海市常务副市长。有一次，他在邮局报刊门市部看到《小朋友》这份一直保持着烂漫童趣的刊物，特意买了很多本，送给政府机关工作人员的孩子们。可以想象，在潘汉年心中，一定珍藏着他对陈伯吹和《小朋友》的美好回忆和深深感念。

此时，风雨如晦，长夜漫漫……

在山城重庆，陈伯吹和他的朋友们、战友们一起，夙兴夜寐，孜孜不倦，一边勤奋地工作，一边盼望着抗战胜利的那天早日到来！

是的，黎明的到来，终究是不可抗拒的。

正如陈伯吹后来在一篇童话里所写的那样：

“再耐心点儿吧，孩子！春天不久就要到来。那时候，水面发亮了，水也温暖了，你可以自由自在地浮游到水面上去了。”

# 23 迎接黎明

1945年8月10日晚上8点钟，日本侵略者宣告无条件投降的消息通过无线电波瞬间传遍了全国各地。

一夜之间，整个山城上下一片欢腾……

第二天早晨，大街上到处都是奔走相告的人。

报童们兴奋地挥舞着各种报纸，奔走在大街小巷：

“号外！号外！日本鬼子无条件投降了！”

“天亮了！胜利了！……”

剑外忽传收蓟北，初闻涕泪满衣裳。

却看妻子愁何在，漫卷诗书喜欲狂。

白日放歌须纵酒，青春作伴好还乡。

即从巴峡穿巫峡，便下襄阳向洛阳。

那些日子里，在背井离乡的战乱中苦熬多年的同胞们，几乎每个人都更加真切地理解和喜欢上了杜甫的这首名诗《闻官军收河南河北》。

陈伯吹也沉浸在抗战胜利的喜悦之中……

8月16日，正好是新一期《小朋友》出刊的时间。陈伯吹兴奋得手舞足蹈，以最快的速度写了一篇书信体“编者的话”，把抗战胜利的喜讯传递给了《小朋友》的小读者们：

亲爱的小朋友：

经过整整八年的艰苦抗战，终于把凶顽的敌人打败了，让我们向各位小朋友热烈庆祝！

接着，他这样告诉小朋友们：

自从二十六年[1]七月七日以来，只为日本人无故进攻我国，累得你们陆续随着你们的爸爸、妈妈逃难到后方来；有的小朋友，怕还是在你们妈妈的肚子里带来的。你们家里的田地房屋，都被敌兵毁坏了；衣服什物，也都被敌兵抢去了；你们都因此受

[1] 二十六年，指民国二十六年，即1937年。

尽了饥饿、寒冷、疾病等等的痛苦。

如今好了，八年来的苦战，牺牲了无数的生命，流尽了无数的血汗，终于打得敌人无条件投降，得到了最后的胜利。

亲爱的小朋友：你们是从抗战中长大起来的，国家也是从抗战中取得了胜利，从此你们的教科书上，不再有“国耻”两字，你们将要在一个和平幸福的时代里生活着。

你们应该为了纪念死难的军民，奋发地学习！

你们应该为了庆祝抗战的胜利，快乐地歌唱！

不久，陈伯吹带着《小朋友》杂志的所有家当，包括稿子、稿纸和少量办公用具，在重庆坐上小火轮轮船，经宜昌、沙市、武汉……走了一个多月的时间，回到了阔别已久的上海。

归途中，他坐在小火轮装载的煤堆上，迫不及待地给分散在上海等地的作者们写了好多封约稿信，希望他们继续支持《小朋友》，多给小读者们写东西……

陈伯吹到家时，他的儿子佳洱正站在弄堂口，眼巴巴地盼望着爸爸。只是，当爸爸真的走近时，他既认不得爸爸，爸爸也认不出他了。因为，佳洱已经长高了好多……

回到上海仅仅一个月后，最新一期《小朋友》就和上海的小读者们见面了。

陈伯吹在《编辑室播音》里对小朋友们说道：

……今天是胜利后的第一个新年……《小朋友》又回到自由的上海来了。它将要更努力，来和全国的小朋友见面，它要使自己成为小朋友最亲爱的小朋友，大大地发扬它过去光荣的历史，你们瞧着吧！

他还为新出版的《小朋友》写了一本连载的长篇儿童小说《大时代的小朋友》。同一期《小朋友》上，还刊登了他的亡友、因为心脏病不治而在重庆去世的徐学文的一篇遗稿《小乞儿的家》。这两篇作品，写的都是在战乱岁月里，中国孩子们艰辛而又顽强不屈的童年故事。

就在抗战胜利后不久，陈伯吹失去了又一位至亲之人。陈伯吹的母亲年轻时就丧夫守寡，战乱年月里又遭遇了两度丧子、老屋被焚和一夕数惊的离乱，尤其是长子伯吹背井离乡，身在千里之外而音讯全无……好不容易盼回了长子，可是，在经历了这种种折磨之后，母亲终于不胜内忧外患之苦，心力交瘁，于1946年1月离开了人世……

一想到母亲含辛茹苦的一生，陈伯吹就感到自己几乎痛断了肝肠！母亲在时，有风雨来了，他可以躲进母亲的怀抱里；而母亲不在了，茫茫人世间，他还能躲到谁的怀里呢？

安葬了母亲之后，陈伯吹擦干眼泪，强忍着心中的悲伤，重新投入到了自己的工作之中。他心里想的是：只有刻苦自励，更加勤勉地工作，报效国家，才能“求得报答慈母教养于万一”。因为，从很小的时候起，母亲就常常以岳飞“精忠报国”的故事教导他……

从抗战胜利到新中国成立之前的这段岁月里，陈伯吹的每一天又变得十分充实和忙碌了！

是啊，摆在他面前的，有多少工作啊！

这时候，除了编辑出版《小朋友》杂志，他的朋友鲁继曾先生得知他回到了上海，又聘请他担任了大夏大学文学院的教授。

在编辑、教书之余，他又和另一位老朋友、教育家李楚材先生一起，发起成立了“中国儿童读物作者联谊会”（后改名为“上海儿童文学工作者联谊会”）。

1946年6月9日，“联谊会”举办了成立大会，李楚材特意请来了他的老师、著名儿童教育家陶行知先生，给大家做了一场《儿童与儿童文学》的演讲。

陶行知在演讲中特别强调了儿童文学对小孩子成长的引领和教育作用。这一点与陈伯吹的儿童文学理念是不谋而合的。陈伯吹无论在编辑儿童刊物还是在创作儿童文学作品时，都认为：儿童文学离不开教育性，儿童文学虽然派生于文学，但是又必须寓教于乐，最好的儿童文学，必定也是最好的“教育文学”，或者说，儿童文学是对小孩子的精神培养、人格养成进行引领和教育的最佳方式之一。

从1947年4月开始，陈伯吹又受邀为上海著名的报纸《大公报》主编儿童副刊《现代儿童》。

有了《小朋友》、“中国儿童读物作者联谊会”和《现代儿童》这样一些阵地和平台，陈伯吹把当时上海及其周边地区能够经常为孩子们创作作品的作者，紧紧地组织和团结了起来，整个上海出现了儿童文学作者阵容空前壮大、儿童文学创作和理论研究也十分活跃的局面。

当时，不仅有陶行知、李楚材、贺宜、包蕾、何公超、金近、吕漠野、杨公怀、严大椿、仇重、范泉、黄衣青、沈百英、郭风……这样一些知名作家经常在一起讨论儿童文学和儿童教育问题，在《现代儿童》副刊上发表作品，陈伯吹还发现、扶持和团结了很多青年作者和小学生作者，例如方轶群、鲁兵、圣野、施雁冰、任大霖等。我们在本书开始时说到的笔名叫“凤凰”的那个小学生（即后来的台湾女作家琼瑶），就是其中的一个。

这里只说说陈伯吹对圣野和鲁兵这一对亲如兄弟的青年作家是如何爱护的故事吧。

圣野姓周，原名周大鹿。还在念初小时，他就非常喜欢看《小朋友》杂志，喜欢听老师教唱的黎锦晖先生的《葡萄仙子》和《可怜的秋香》等歌曲，这在他幼小的心灵里播下了爱的种子。

圣野在高中时，狂热地爱上了诗歌写作。当时，艾青、田间和欧阳予倩等人的诗作，以清新、质朴和刚健的风格把一位文学少年引向了一片广阔的文学原野。不久，他即和高自己半年的诗友胡谱承等一起成立了一个新诗社，并编印了一本名为《蒲风》的诗刊。

高中即将毕业时，比圣野早两年毕业，曾应约为《蒲风》写过稿的鲁兵（本名严冰儿），从浙南流浪回来，还带了几份自写自编自印的《岑风》小刊，作为“见面礼”。

圣野和鲁兵一见如故，亲如手足。他们都很庆幸，彼此找到了志同道合的伙伴。他们一边携手编辑《岑风》，一边准备一起报考浙江大学。

1945 年 9 月，圣野和鲁兵一同考进了浙江大学师范学院英文系。共同的理想和志趣把这一对青年人召引到了美丽的西子湖畔。

在大学里，这两位一个睡上铺、一个睡下铺的同学，不但成了生活上形影不离的好朋友，也成为文学上的并肩作战的战友。

一个偶然的机缘，两个人一同结识了《中国儿童时报》的主编，并应约为这份儿童报纸写稿。从此，他进入了为儿童写作的天地。两个人先是给这份报纸写稿，接着又成了这份报纸的编辑。鲁兵编文艺版，并开设了一个专为小朋友解答难题的《冰儿信箱》；圣野负责专门刊登儿童作品的专栏《自己的岗位》。两人同时迈出了儿童文学事业的第一步。

然而不久，一宗意外的事件使他们受到牵连，他们不得不离开了杭州。鲁兵躲避到了上海，圣野则隐居到了临安天目山乡间。这是他们在当时白色恐怖中的第一次匆匆分别。

可是他们的心是分不开的。鲁兵在上海创作《小虹的故事》的时候，圣野也不约而同地在天目山上的小屋里写了《小妹妹的故事》。

1947 年 11 月的一天，陈伯吹组织的那个“联谊会”召开例会时，一个戴着深度近视眼镜、胸前佩戴着浙江大学校徽的青年人走了进来。作家仇重向陈伯吹介绍说：“他叫严冰儿，浙江大学外语系学生，写过一些儿童文学……”

陈伯吹高兴地拉起鲁兵的手说：“这么年轻啊！太好了！欢迎你！”

从此，鲁兵就算正式“归队”。陈伯吹还想办法通过自己的一个学生的关系，为鲁兵找到了一份在夜校教英语的差事，以暂时解决吃饭问题。

几个月后，圣野也从天目山来到了上海，参加了“联谊会”的活动。从 1948 年下半年起，圣野的儿童诗开始陆续发表在他童年时就读过的《小朋友》杂志上。像《欢迎小雨点》《泥土的童话》等早期有代表性的儿童诗，都是通过陈伯吹刊登在《小朋友》上的。

当然，那时候圣野还不会想到，十年之后，他的命运将和《小朋友》紧紧地联系在一起。

到了 1949 年春天，为迎接新中国的黎明，圣野和鲁兵相继告别了自己即将毕业的浙江大学，到浙东游击区参加了游击队，后来又转为中国人民解放军战士。

新中国成立后，圣野的儿童诗集《欢迎小雨点》在上海出版，这是圣野献给新中国孩子们的第一份礼物。

这时候，鲁兵先从部队转业。当时已经担任少年儿童出版社社长的陈伯吹，把鲁兵要来，安排在上海的少年儿童出版社当编辑，使鲁兵得以重新开始他的儿童文学事业。

鲁兵当然也忘不了他的好伙伴圣野。不久，圣野也应命“归队”，一对难兄难弟又相逢了。

两个人从此就在儿童文学前辈、也是他们青年时代的伯乐和师长的陈伯吹身边，把他们的后半生都献给了中国的儿童文学创作和编辑事业。

圣野童年时做《小朋友》的小读者，青年时做《小朋友》的作者，最终变成了《小朋友》的编辑。他在《小朋友》一待就是三十多年，一直到1986年从《小朋友》杂志离休。鲁兵也在少年儿童出版社一直工作到离休，成了中国儿童读物的一代编辑出版家。他们都像前辈陈伯吹一样,用各自默默的、勤奋的劳动，为孩子们酿造着纯净的精神食粮。

1949年4月，中国人民解放军百万雄师渡过长江，上海这座大城市从国民党反动派的统治下回到了人民的手中。美丽的新中国，就像一轮喷薄而出的朝阳，正冉冉升起……

这时候，陈伯吹满怀激动和期待的心情，在《小朋友》上发表了一首带有象征意味的童话诗《小鸡要出来了》(后来改诗名为《新生颂》)。

笃！笃！

小鸡要出来了。

笃！笃！笃！

小鸡们真的要出来了！

在诗中，他把旧政权、旧世界形象地比作阻碍小鸡们成长的狭小和黑暗的蛋壳，而现在我们正在齐心协力地啄破它们！只有啄破这个壳，小朋友们才会看到——

好啊，这世界多么开阔，

这儿生活多么幸福。

看吧！小鸡昂起光光的小头颅，

挺起满满的小胸脯，

高高兴兴跨出第一步。

注意哪，第一步可不能走错！

小鸡迈开两条有力的小腿，

一步，一步，

面向着光明大路，

欢欢喜喜和太阳打招呼。

他正和《小朋友》杂志的小读者们一起，像童话诗里的小鸡们一样，迈开坚定的步子，迎接新中国的灿烂黎明。

# 24 小夏蒂

陈伯吹先生不仅是一位儿童文学作家、教育家和编辑出版家，也是一位勤奋的儿童文学翻译家。

1930 年夏天，他刚满 24 岁，就在北新书局出版了第一本儿童文学译作《小山上的风波》。

这是当时颇为有名的一篇外国童话。为了便于小读者诵读，他还特意把这个童话加工改写成了一首童话诗。

新中国成立后，这本译作改名为《红面小母鸡》，先后在中华书局、少年儿童出版社（上海）出版了多个版本。

从《小山上的风波》开始，陈伯吹在从事创作、编辑和教学的同时，陆续为孩子们翻译了 20 多种外国儿童文学作品。

其中最有名的、直到今天还在不断再版的译本，有《绿野仙踪》、《普希金童话》（包括《小金鸡》、《渔夫和金鱼的故事》等童话诗)、《兽医历险记》(后来改名为《兽医多立德的故事》)、《出卖心的人》、《百万只猫》和《小夏蒂》等。

《小夏蒂》的作者约翰娜·斯比丽(1827~1901)是瑞士的一位儿童文学作家。她出生在瑞士苏黎世近郊的一个小村庄里，父亲是一名医生，母亲是一位诗人。约翰娜从小就受到良好的教育，成年后创作了大约16个给孩子们阅读的故事。这些故事有一个总名称：《献给孩子以及那些热爱孩子的人们的故事》。

其中最著名的故事是《小夏蒂的学习和旅行岁月》和《小夏蒂应用她学到的东西》。《小夏蒂》一书就包含了这两个故事。

《小夏蒂》是世界儿童文学宝库里的一颗耀眼的红宝石，被誉为堪与《爱的教育》《苦儿流浪记》《汤姆·索亚历险记》等儿童文学经典媲美的作品，自问世以来，深受全世界孩子的喜爱。

曾有法国儿童文学作家为这部名著写过续篇；美国女作家简·韦伯斯特在1912年创作的儿童文学名作《长腿叔叔》，也是致敬《小夏蒂》之作。

20世纪30年代，美国把这部作品拍摄成了电影，由著名童星秀兰·邓波儿饰演小夏蒂，一时风靡全球。在这之后，

陈伯吹早期翻译的《小山上的风波》《小夏蒂》。

瑞士、德国等国家也相继把《小夏蒂》拍摄成电影或电视连续剧，使这部儿童文学名著的影响力在全球范围内得到传播。中国在改革开放之初引进和译播了《小夏蒂》的电视连续剧，所以，生活在70年代末80年代初的那一代中国孩子，都不会忘记阿尔卑斯山上的小女孩夏蒂和她的小伙伴“山羊彼得”，还有那位性格古怪、心地善良的阿尔穆爷爷。

故事开始时，小夏蒂只有5岁。她出生在一个偏僻的小山村，从小失去了父母，被黛泰姨妈收养，成长的环境不仅贫穷，而且孤寂。这一年，小夏蒂的姨妈得到了一个去法兰克福做工的机会，决定把小夏蒂寄养在小夏蒂的爷爷那里——小夏蒂只剩下这个亲人可以依靠了。

“一条小路……穿过树木成林的绿色旷野，一直通到小山顶上。从山下望去，那座小山显得高大庄严，耸立在山谷之巅。小路朝小山上延伸，四周的旷野不断飘来矮草和山间坚硬杂草的阵阵清香。路变得越来越陡峭，径直地通向阿尔穆山顶。”

小夏蒂的爷爷是一位年过七旬、性格古怪、一直不愿意和山下的村民来往的老头，他一个人住在高山牧场上的一间小茅屋里，过着几乎与世隔绝的生活。当村民们得知，小夏蒂要被送到性格古怪的阿尔穆爷爷身边时，他们都为这个可爱的小女孩叹息，认为这无疑是把一个好孩子扔进了火坑里。

果然，黛泰姨妈刚领着小夏蒂来到山上，阿尔穆爷爷就对她们大吼了一声。本来就惴惴不安的姨妈,赶紧丢下小夏蒂，自己慌慌张张地逃下山去了。

“今后你打算做什么？”爷爷问小夏蒂。

“让我先瞧瞧爷爷家里的东西。”小夏蒂说。

小夏蒂的新生活就这样开始了。山下的人都认为，小夏蒂根本不可能和爷爷生活在一起。但是出乎人们意料的是，他们祖孙俩相处得十分融洽。小夏蒂在阿尔穆爷爷山顶上的小木屋里，一住就是三年。

在这期间，她拥有了童年最好的朋友、阿尔卑斯山上的小牧童“山羊彼得”，还和彼得的奶奶以及其他一些放羊娃成为好伙伴。小夏蒂和这些伙伴一起，在阿尔卑斯山的山风、雨雾、花草和阳光的爱抚下，在羊群的呼唤声中，快乐地、自由地生活。

阿尔穆爷爷勤劳、善良，就是性格有些古怪。当山下的牧师劝他把小夏蒂送到山下去上学时，他固执地回答说：“不！我并不打算送她去上学。”

阿尔穆爷爷朴素的教育观是：小夏蒂是和阿尔卑斯山上的小羊、小鸟和野花一起长大的，与它们相伴是一件幸福的事，况且山羊、小鸟和野花是不会教她去做坏事儿的。

小夏蒂8岁时的那个冬天，多年不见的姨妈突然找来了，把她带到了法兰克福的一位富商家里，给一个12岁的名叫克拉拉的残疾女孩当玩伴。在这里，夏蒂过上了富足的生活，也受到了良好的教育。可是，她每天过得并不快乐，甚至根本就适应不了城里孩子的生活。

她十分想念阿尔卑斯山上的爷爷、彼得，还有那些山羊和小鸟。因为想得心切，她精神恍惚，甚至患上了夜游症。她的身心都在经受着折磨。

一年后，在克拉拉的主治医生的劝导下，小夏蒂终于重新回到了阿尔穆爷爷身边，回到了高山牧场上的小木屋里。这里才是小夏蒂真正的家，这里的生活才是属于小夏蒂的生活。

小夏蒂走后，克拉拉也非常想念她。一个温暖的夏日，克拉拉在家人的陪伴下，来到高山牧场看望小夏蒂，亲身领略了阿尔卑斯山美丽的自然景色。清新的山风吹拂着少女克拉拉，让她深深地陶醉其中，感受到了从未有过的畅快。最后，在小夏蒂和爷爷的共同帮助下，克拉拉勇敢地迈出了自己的第一步，奇迹般地战胜了病魔，重新站立了起来。

而固执的阿尔穆爷爷也受到了小夏蒂的影响，决定走下山去过一个冬天。小夏蒂用自己的真诚、善良，创造了又一个奇迹：让爷爷重返社会，享受到了与大家交往的快乐。

《小夏蒂》是陈伯吹译作中影响最大的一本，1954 年 10 月由少年儿童出版社初版，1984 年增订重版。此后，这本译作又在中国工人出版社等出版机构出版过多个版本。现在，这部儿童文学名著的书名比较普遍的译名为《海蒂》。

# 25 大树的怀抱

一枝光明的烛，伴着人们过那漫漫的寒冷的长夜。

光明的烛，它燃着自己的身体，发出光来，放出热来，可是它牺牲了，为人们牺牲，划破了黑暗的夜空，给人们带来了光明和希望。

时钟，一刻一刻地过去；光明的烛一分一分地短下去。但是它的牺牲不是没有代价、没有意义的。

你听，公鸡在喔喔地啼了！你看，阳光在东方露出来了！

烛和漫长的黑夜奋斗，终于得到了最后的胜利，用它的光明来迎接一天的黎明。它把人们的希望带到了，它自己才熄灭。

它虽然牺牲了，可是它那美丽的红光，灿烂的火焰，会永远留在人们的记忆里。

光明的烛，因为你的光明，我们在黑夜里便不害怕，可以工作，更有希望。

光明的烛，因为你的光明，我们赞美你！更因为你的牺牲精神，我们歌颂你！

这是陈伯吹写的一篇美丽的散文诗《光明的烛》。

表面上看，他是在歌颂蜡烛与漫漫黑夜搏斗，燃烧、牺牲自己，给人们和世界换来光明、送来希望的美德和精神，其实，他也借赞美“光明的烛”，向那些牺牲在黎明前的黑暗里的人们，包括他青年时代的挚友、他的亲人、与他一起战斗过的战友、他散落天涯的学生们……献上了他的怀念和敬意。

与那些牺牲者相比，他是幸运和幸福的。

1949 年 7 月，在新中国的开国大典前夕，他从上海来到北京，出席了在北京召开的第一次中华全国文学艺术工作者代表大会。这一年他 44 岁。

新中国成立后，他深深地感受到，人们苦苦盼望的春天真正来到了！中国儿童文学的春天也真正来到了！

他以极大的热情投入到了新生的共和国的教育和文学事业之中，就像他所赞颂的蜡烛一样，燃烧着自己，照亮着他人，为幼小者忘我地工作着；也像一棵历经沧桑的大树，向着新中国的蓝天和大地，向着身边的小花小草，张开了自己最温暖的怀抱。

这时候，他仍然担任着中华书局的《小朋友》杂志主编，同时还被上海的大夏大学、圣约翰大学、震旦女子文学学院等聘为兼职教授。他在这些大学里开设了“教材教学法”“儿童文学”等课程。

1952 年 12 月 28 日，新中国第一个少年儿童出版社宣告成立，陈伯吹被任命为副社长。《小朋友》杂志也并入少年儿童出版社继续出版。

1954 年 10 月，他奉命来到北京，担任人民教育出版社编审，为新中国的少年儿童们编辑中小学教科书，并兼任北京师范大学教授。

1957 年 5 月，他又被调到中国作家协会，成了一名专业的儿童文学作家和儿童文学研究家。

在中华人民共和国诞生之初的 50 年代和 60 年代里，陈伯吹迎来了他儿童文学创作和研究的一个新高峰。

这个时期，他为新中国的孩子们写出了许多美丽的童话、诗歌和小说，如短篇小说集《中国铁木儿》，童话集《一只想飞的猫》《幻想张着彩色的翅膀》《小火车头》，科学童话集

《十一个奇怪的人》，散文集《从山冈上跑下来的小孩儿》，论文集《儿童文学简论》等等。

他的单篇童话《一只想飞的猫》发表在 1955 年第 12 期《人民文学》上，赢得了小读者的喜欢，现在已成为当代儿童文学中的童话名篇。

在编辑工作之余，他还经常到中小学校、青少年宫与孩子们座谈、交朋友，参加少先队员夏令营和冬令营，与国内外许多少年儿童建立起了动人的友谊，还经常与他们通信。

他曾在一篇散文里记下了这么一个故事。

1957 年 5 月的一天，他接到一所中学发来的请柬，邀请他参加学校师生组织的一次“书节”活动。联欢会上有不少苏联的中学生参加。其中有一个金色头发的女孩，名叫拉丽莎。

她转动着蓝宝石似的大眼睛，热情地邀请陈伯吹和她一起做游戏。这是一个很有趣的项目，叫“三脚竞走”，两人一组，四条腿扎成三条腿。

事前，机灵的拉丽莎先做手势向作家示意，等笛声一响，他们便步调一致地向前走，嘴里还有节奏地边走边喊：“拉斯——特伐！拉斯——特伐！”（俄语“一、二！一、二！”的意思）

就这样，他们两人密切配合，步调一致，结果赢了别的

陈伯吹在二十世纪五六十年代出版的儿童文学集《中国铁木儿》《一只想飞的猫》。

《儿童文学简论》初版封面。
《儿童文学简论》新版封面。

小组，夺得了这个项目的冠军。

在胜利的喜悦中，拉丽莎问陈伯吹："您写的童话里的那只猫，后来究竟能飞不能飞呀？"

原来，她读过这位中国作家写的那篇著名童话《一只想飞的猫》。

陈伯吹笑着反问她："你看呢？"

"不能。"她边说边摇头。

"为什么？"

"因为它太骄傲了！"拉丽莎回答说。

"为什么骄傲了就不能飞？"陈伯吹又追问道。

这时候，小女孩漂亮的脸蛋上浮起红艳艳、羞答答的微笑，说："还不是因为骄傲了，就不愿好好地用功学习了！"

接着，她又补了一句："这样骄傲，即使真的长出了翅膀，也不能飞啊！"

这件小事，给陈伯吹留下了深刻的印象。

他觉得这个女孩子小小年纪，不仅对他的作品理解得深切，而且还有自己的分析与推理。他从这件事情想到了自己作为一个儿童文学作家的责任心和使命感。

他认为，无论是童话，还是其他样式的儿童文学作品，都应该善于引导孩子们向前看和向上看，都应该"像老师般

陈伯吹和孩子在一起。

地关心教育的影响”，同时又决不“疾言厉色地扬起戒尺来教育它的读者”。

到了晚年，陈伯吹还多次引述鲁迅先生的那段“与幼小者”的名言：“自己背着因袭的重担，肩住了黑暗的闸门，放他们到宽阔光明的地方去；此后幸福的度日，合理的做人。”

“多么真挚诚恳的肺腑之言啊！令人肃然起敬。”陈伯吹在一篇文章里写道，“作为从事儿童文学的作家们，就是该有这样高尚的心态，坚定的毅力，勇往直前的气魄，为指向少年儿童光明幸福的去处而靡寒靡暑地不遗余力。”

# 26 海的童话

陈伯吹的家乡宝山临近大海，他从很小的时候起就熟悉大海、热爱大海，因此，在不同的年代里，他都写下过不少关于大海的诗歌、散文和童话。

抗日战争时期，他想到被日本侵略者的炮火和军舰蹂躏的祖国的大海，写下了充满忧愤之情的《海思》：

……

但是海也有她的心事，

不常常这么痴痴地欢笑的。

……海上浮动着严重的空气，

海燕作着警告：

嘶！——　嘶！——

这是海的愤怒。

这季节在夏季，

这时分在傍午。

……

新中国诞生后，他又写了《海堤上遇见一群水孩子》《海滨小勇士》《渔家的小男孩》《海滨浴场风景》《海滨小哥儿俩》等以大海为题材的作品。

这个时候的大海，再也不是在咆哮中翻涌着愤怒的波涛的大海了。当他站在新中国的海滩上，他的心情是那么平静，他感到无比自豪！正如他在《海滨小勇士》结尾写的那样：

……沙滩上的人，望望辽阔的天空、浩荡的大海、壮丽的建筑，想想自己过去的和现在的生活，看看这生龙活虎、刚强勇敢的下一代，心里头有一种说不出的甜蜜的滋味。

他还写过一篇科普童话《落潮先生和涨潮先生》，这是他短篇童话里的佳作，也是他描写大海的名篇。

俄罗斯诗人普希金有一篇童话诗是这样开头的：

海湾旁有一棵青翠的橡树，
树上系着金链灿烂夺目：
一只猫可说是训练有素，
日夜在金链上绕着踱步；
它向右边走——便把歌儿唱，
它向左边走——便把神话讲。

仅仅几行文字，就把读者带进了童话之境。这是一个经典的童话开头，为许多读者和评论家所称道。

是的，一篇好童话的开头往往不需要太多笔墨，就能把读者带进童话现场，如同身临其境。

《落潮先生和涨潮先生》的开头就是这样：

在碧绿的小山顶上，有一座红色的小房子。在这座小房子的卧室里，有一张又大又阔的床。在这张又大又阔的床上，躺着三个小孩子。他们叫做：依依，良良，珊珊。……

故事就这样开始了。

三个孩子来到大海边，意外地结识了一位奇特的大朋友

“落潮先生”。在接下来的日子里，友好热情的“落潮先生”带着孩子们，一边漫步海滩欣赏美丽的大海，一边给孩子们讲故事——实际上是教孩子们以及阅读这篇童话的小读者们，认识许许多多生活在大海里的生物：梭子蟹、寄居蟹、小青鱼、海蛳、银鱼、海鲫、海月、海笋、海星、海灯……认识它们的外部形象和生活习性，了解大海涨潮和落潮的特点和规律，以及人类如何认识和掌握海洋的这些特点，从而亲近海洋、和海洋交朋友。

显然，这是一篇生动形象的、关于大海的知识童话。

有意思的是，作者以拟人的手法，让“涨潮”和“落潮”这两个出现在大海上的自然现象充当了故事的主角，并且赋予了他们符合各自自然规律的身份和性格，让小读者一下子就与他们有了亲近感。

应该说，这是童话作者机智巧妙的构思所在。一些原本讲解起来有点枯燥和生硬的海洋科学知识，由于这个机巧的构思，加上作者生动、细腻和准确的表达，竟变得如此形象有趣，十分符合小读者的阅读心理和认知兴趣。

我们也可以不把它当作一篇知识童话来阅读，而把它看作一首优美的、献给大海的童话诗，一首动听的海的赞歌。

就像在童话结尾，“落潮先生”为孩子们唱出的那支《海的赞歌》一样：

风啊，你轻轻地吹；

浪啊，你轻轻地拍。

孩子们，母亲们，

……一切善良的人，

他们干完工作都来海边歇息着。

你们轻轻地唱吧，唱吧，

唱那劳动的歌。

# 27 永远的追随

我今年已经75岁了，在工作岗位上先后也有五十九年，但我没能为党、为人民作出成绩，深夜扪心，实在感到惭愧！有句诗说："天上的风雨来了，小鸟躲到巢里！"我心中的风雨来了，将躲到哪里？俗话说得好："树高千丈，叶落归根。"我这张秋风中的叶儿，归到哪儿？"我要归到您那里，投入您温暖的怀抱里。"党啊！这就是我恳切的心声。

我要严格要求自己，积极创造条件，能有朝一日，站在鲜红的党旗下宣誓入党，酬偿我半个多世纪来如大旱望云霓样地渴望着的这个愿望。

这是陈伯吹1981年发表在《党的生活》丛刊里的一篇文

章《党啊！我要归到您那里》中的最后两段文字。

这个时候，陈伯吹还是一位“党外人士”。虽然文字里有谦虚的成分，但是可以看出，他对中国共产党这个伟大的、具有强烈的向心力和凝聚力的先进组织，充满了热切的向往。

陈伯吹对共产党的追随，贯穿了他的一生。

早在 1922 年，陈伯吹在朱家宅当乡村小学教师时，以及接着进入宝山县立第一小学当老师时，他就和一些思想进步的老师、挚友一起，悄悄地开始阅读当时被视为“赤色书刊”的《新潮》《向导》《新青年》等，甚至读了《共产党宣言》等马克思主义经典之作。

在宝山一小的那些日子里，他曾和好友陈荷百、周向之、徐学文等三人，在一位秘密的共产党员黄忆农（化名为“王忆农”）的影响下，开始悄悄地为党工作。

当时，这几位进步青年还在一个深夜举行了一个秘密的宣誓仪式，然后，他们把手紧紧握在一起说：“从这一刻起，我们都是同志了！”

陈伯吹在《党啊！我要归到您那里》一文里回忆说：

> 1927 年，蒋介石发动了“四·一二”反革命政变，革命受到暂时的挫折。我这个带着小资产阶级

思想的知识分子的脆弱性马上表现了出来，一度灰心丧气。初夏时节，王忆农同志启发、鼓励我，使我重新振作精神。我和学校里三位志同道合的同事，一起参加了“反蒋”的活动。深秋，王忆农同志被杀害了。次年六月，我和同事徐学文以“共产党嫌疑犯”被捕，幸在宿舍内搜查无着，由学校担保具结释放。这年底，我无可奈何地流亡到上海……

这段回忆文字实际告诉了我们，早在1927年，陈伯吹就由黄忆农、张京石介绍，加入了中国共产党。只是因为黄忆农的突然被杀害，陈伯吹失去了这位最初的、实际的介绍人，再也没有谁能证明这件事情了。倒是在陈伯吹晚年的时候，作家苏叔迁先生为了撰写《陈伯吹传》，在查阅早期的报刊资料时，才发现了有关黄忆农烈士的一些线索。

到抗日战争时期，陈伯吹读到了埃德加·斯诺写的《西行漫记》（又译《红星照耀中国》）。中国共产党领导的工农红军艰苦卓绝的长征和北上抗日的战绩，让陈伯吹不胜向往。

有一段时间，陈伯吹一直在悄悄地寻找机会，想逃出上海，到中国共产党领导的抗日圣地延安去。那里是当时众多爱国知识分子和热血青年最向往的地方……

虽然延安没有去成，但是陈伯吹一直没有放弃用手中的笔与日本侵略者“作战”，以至于遭到了日本宪兵特务和汉奸的追捕。

抗战胜利后，陈伯吹回到上海，和朋友们一起发起成立了由众多进步作家组成的“中国儿童读物作者联谊会”。

就在这段日子里，有一天，陈伯吹家里突然来了两位不速之客。一位叫王志成，一位叫马精武。这两个人当时都在上海新闻小学当老师，都是“中华儿童教育社”的成员。

陈伯吹原本就认识他们，可是经过了漫长的战乱岁月，他对这两人现在的情况并不熟悉。

在交谈中，王志成笑着问陈伯吹：“不知陈君对当前的时局有什么看法？”

陈伯吹不假思索地说：“时局确实不妙啊，十分危险……”

“那么，万一共产党和国民党双方打起了内战，老兄会有什么态度呢？”

“那还用说吗？抗战刚刚胜利，国家和百姓已经受尽了战争的苦难，内战，自然是人人都会反对的！”陈伯吹坚定地说。

“说得好！伯吹兄，你的态度和我们对你的预料是一致的。”

“你们来找我，到底是……”陈伯吹稍有疑虑地问道。

“今天我和精武兄来找你，是想与你商量一件大事……”说到这里，王志成压低声音说，“但是需要你绝对保密！你能做到吗？”

“这个……”陈伯吹心中一动，马上就猜出了几分来意，立刻说道，“请你们相信我，我绝对会保守秘密！”

“就是被杀头也不会害怕，对吗？”

“是的，为了光明和真理，杀头也不怕！”陈伯吹坚毅地回答。

“那么，实话对你讲吧，伯吹兄，我们两个人来，是想请你加入中国共产党，你愿意吗？”

原来，这两个人都是共产党员。当时新闻小学里隐藏着四位秘密党员，他们是其中的两位。

这时候，在陈伯吹心头，瞬间闪过了英勇就义的 19 岁的共产党人黄忆农的身影，也闪过了他和几位挚友在一个深夜秘密宣誓的神圣时刻……

这样的时刻，不正是陈伯吹时常在心中回味、也一直在暗暗期待和追寻的吗？

“愿意！请你们相信我，我的心是和你们一道的！”说到这里，陈伯吹激动得眼睛都有点湿润了，嘴唇也有点哆嗦了。

“非常好，伯吹君！你果然没有让我们失望。”王志成又神色严肃地问道，“你有什么要求吗？请尽管讲出来。”

“我没有任何要求！哦，不……如果可以提一个要求，那么，我请求你们……派我到最艰苦的地方参加斗争！”

“到什么地方去呢？你觉得？”王志成和马精武互相对视了一下。

“到四平街去，到哪里与国民党反动派战斗！”

此刻，陈伯吹的心中好像涌起了一股神圣的、正义的力量。

“明白了，伯吹兄，我们回去后会考虑的。”

说完，王志成和马精武就趁着夜色，悄悄离开了陈伯吹家。

奇怪的是，自那以后，虽然陈伯吹还在“联谊会”里见过王志成和马精武几次，但是，他们竟然再也没有跟他提起“加入中国共产党”的事情，更没有对他提出的“到四平街去”的要求做出回应。

因为有过要“绝对保密”的誓约，陈伯吹对王志成、马精武来找过他这件事一直守口如瓶，就连对自己的家人也从来没有说过。

实际上，从那时起，党组织就已经把陈伯吹作为自己阵营的人，一直在关注他、团结他。或许，王志成他们回去讨论过，最终觉得，像陈伯吹这样在文学界有影响的作家，还是在“外围”活动比较安全，而且可以发挥更大的作用。

而这个秘密的决定，却是陈伯吹自己所不知道的。

果然，在上海解放前夕，在新中国的黎明到来之前，在蒋家王朝即将被推翻的“黎明前的黑暗”时期，他在党组织领导的“反饥饿,反压迫”的斗争中,高唱着《团结就是胜利》的战歌，走在了抗争队伍的最前列……

新中国成立后，陈伯吹才知道了王志成、马精武两人的真实身份。那时候,王志成已经担任了上海第一师范学校校长,马精武调到中央教育部工作去了。

1949 年 5 月 23 日，在人民解放军向大上海进军的隆隆炮声中，陈伯吹正兴奋地从曹家渡向梵皇渡路（即今天的万航渡路）走着，心想，也许能看到攻进上海的解放军先头部队呢。

这样想着，他竟情不自禁地哼唱起了不久前他在《小朋友》上登载的一首来自解放区的歌曲《唱出一个春天来》……

是的，大上海真正的春天，真的就要来了啊……

这时候，迎面走来了一个熟人：陈伯吹在大夏大学的一位同学林荣。林荣当时是上海北区小学的校长，他也是听到了解放军隆隆的炮声，兴奋得坐不住，迫不及待地跑出来迎接解放军的。

两位老同学此时邂逅，不禁相视大笑起来。

“伯吹君，大上海就要解放了！”

“是啊，天要亮了，春天正在大步走来……”

让陈伯吹始料未及的是，林荣这时突然对陈伯吹说：“快胜利了，你应该填张表了！”

陈伯吹一时还没反应过来：“填张表？填什么表？”

等林荣说明是让他填一张申请入党的表时，陈伯吹会心一笑，说道：“是啊，是要填张表了！看样子，要不了几天了，上海的春天就要到来了！到时候再填吧。”

陈伯吹心里想的是：等胜利之后再来填写这张神圣的申请表，岂不是更光明磊落一些！

他知道，这个林荣和王志成关系很密切，他们说不定是商量过的呢！

但是陈伯吹没有想到，岁月蹉跎，好事多磨。新中国成立后，他的工作单位不断变动，甚至一度从上海调到了北京，几年之后，再从北京返回上海……

在这期间，他在 1951 年、1952 年先后两次向党组织递交了入党志愿书，但是都因工作关系的变动，而使入党的事延宕未果。在这中间，他又经历了一次次运动，在“文革”的十年浩劫中，还被当作“反动学术权威”而“扫地出门”，下放到干校参加劳动改造……

一直等到1983年10月5日，当他终于成为一名光荣的中国共产党党员的时候，他已经是一位77岁的老人了！

树高千丈，叶落归根；江河奔向大海，孩子想念母亲；在漫长的黑夜里行走过的人，时刻仰望着灿烂的北斗星……

晚年的陈伯吹，念念不忘自己青年时代就读过的马克思的一段文字：

> 如果我们选择了最能为人类的幸福而劳动的职业，那么，重担就不能把我们压倒，因为这是为大家而献身；那时我们所感到的就不是可怜的、有限的、自私的乐趣，我们的幸福将属于千百万人，我们的事业将默默地、但是永恒发挥作用地存在下去，而面对我们的骨灰，高尚的人们将洒下热泪。

追慕高远的目标，拥抱美好的理想，把个人的才能和力量作为一滴新鲜的血液，融合到一个伟大的组织之中，这是一种令人向往的境界！他在心中，一直把这段话奉为圭臬。

他知道，这是他毕生的追随。

# 28 春蚕吐丝

人类总是艰难地解决着一个个难题，一步步向着真理、希望和美好的明天迈进。

当中国人民艰难地跨过了灾难深重的“十年浩劫”，迎来改革开放的新时期，年事已高的陈伯吹像一个白发少年，再次焕发出热情和力量，迎来了新的创作高峰。

在新时期里，他为小读者创作和出版了《一场比赛》《飞虎队与野猪队》《直上三千八百坎》等儿童小说集、《骆驼寻宝记》《童话城的节日》《陈伯吹童话》等童话集、散文集《摘颗星星下来》，以及序跋与评论集《他山漫步》《天涯芳草》《火树银花》《苍松翠柏》等。皇皇五卷本《陈伯吹文集》也在 1989 年他 84 岁的时候，开始陆续编辑问世了……

我们从前面的故事里已经看到，陈伯吹一生勤奋写作、

陈伯吹晚年出版的《天涯芳草》和《他山漫步》。

陈伯吹晚年出版的《火树银花》和《苍松翠柏》。

教书、做编辑，有一点辛苦挣来的稿费收入和薪水，都尽量贴补母亲和弟弟妹妹，自己的生活极其俭朴。即使在晚年，平时更是节衣缩食，粗茶淡饭，绝不追求额外的物质享受。

然而，就是这样一位一贯省吃俭用，恨不得一分钱掰成两半用的老人，却在1981年春天，把自己一生辛辛苦苦积攒下来的55000元积蓄慷慨捐出，设立了一个“儿童文学园丁奖”（后来，人们为了感念他而改名为“陈伯吹儿童文学奖”），他的捐款就作为这个儿童文学奖的奖励基金，存入国家银行，以每年的利息奖掖一些优秀作品，旨在激励作家为孩子们创作出更多优秀的儿童文学作品。

55000元！这在今天看来也许不算多大的一个数目，可是在1981年，却是一笔真正的巨款。

直到现在，这一举动仍然被人们赞誉为这位善良和无私的老人的一次“壮举”和“义举”。

2003年12月，第23届“陈伯吹儿童文学奖”在上海颁发，82岁的老作家、翻译家任溶溶先生获得当年特设的“杰出贡献奖”。

颁奖会上，主持人请任老讲几句话，不料，这位单纯得像个小孩子的老作家坐在台上还未开口，竟先呜呜地哭出了声……

全场来宾顿时愣住了。

不过，任老很快就从激动的情绪中恢复过来。他说："我实在是太喜爱儿童文学了，这次得奖是我一生最大的荣誉。我现在还是那么喜欢写儿童文学……"

最后，说到动情处，任老把千言万语变成了一句话："儿童文学万岁！万万岁！"

这件事，体现了任溶溶这样一位毕生从事儿童文学写作与翻译的老作家纯净、可爱的性格，也折射出了儿童文学单纯和伟大的魅力，同时也不能不使我们觉得，在任老的感动与感激里，还包含着他对"陈伯吹儿童文学奖"的创立者、前辈作家陈伯吹的景仰与感念。

老作家、评论家樊发稼回忆说，他第一次到上海瑞金路陈伯吹家，是在一个上午，他到达时陈伯吹正在用早餐。

简单的早餐给樊发稼留下了深刻的印象：一碗薄薄的大米稀饭，半个咸鸭蛋和几根咸菜丝儿。

樊发稼还记得这样两件小事：

有一次，海燕出版社在北京召开作家座谈会，出版社得知陈伯吹碰巧也在北京，便热情邀请了他，并委托樊发稼接送陈伯吹。

当时北京有两种出租车，一种是黄色的"面的"，车费比较便宜；一种是“夏利”，车费稍贵。樊发稼去接陈伯吹时，要的是一辆稍微舒适一点的“夏利”，车已开到门口，他已“无可选择”；但开完会回去时，陈伯吹却坚持要他叫了一辆“面的”，他说：“能为公家节省一点就节省一点。”

另一件事发生在1993年2月19日。陈伯吹在儿子陈佳洱北京的家中过冬避寒，要乘火车返回上海的前一天，樊发稼去北大寓所看望陈伯吹，问他是否买到了软卧车票。

陈伯吹说：“家里人要给我买软卧，我没同意。北京到上海，只要十几个钟头，过一夜就到了。我的经济不富裕，还是省点钱吧！”

由此可见，陈伯吹平时的生活是多么简单和节省。

1989年，陈伯吹老人曾给当时在中国作家协会主持儿童文学委员会工作的文学评论家束沛德写信说：“……我的捐款，受通货膨胀的影响，愈来愈贬值……1980年我的捐款几乎可以在上海购三幢房子，如今则半幢也买不到了，令人气短！……”

束沛德后来回忆说：“当时我读着这封信，不禁潸然泪下。陈伯吹为了鼓励优秀创作，奖掖文学新人，真是愁白了头、操碎了心啊！所幸这项评奖在有关部门的支持下一直正常运转、如期举行……”

如今，“陈伯吹儿童文学奖”已经变成了一个有名的国际性的儿童文学奖项。

曾经在很多年里，几乎每一届评奖过后，都会有一本获奖作品集出版。估计已经有数百位儿童文学作家荣获过这个奖项了。

我记得在 1994 年（第 14 届）的获奖作品集里，梅子涵曾由衷地写下这么几句话：“谢谢敬爱的陈伯吹先生。是他设立了这个奖项。……我对他老人家只说谢谢怎么够！在中国的儿童文学中，陈伯吹是个伟大的人！”

这些话，其实也表达了中国所有为儿童写作的人对陈伯吹的景仰与感激。

除了倾其所有设立了“陈伯吹儿童文学奖”，陈伯吹在晚年所做的另一些“吐哺”般的工作，就是像当年鲁迅先生一样，点燃自己的膏血，作为给文学青年们照亮创作路程的灯盏。

即使在耄耋高龄，他仍然坚持为众多儿童文学新人阅读稿子、点评习作、撰写序言，信来信往，从不厌烦，甚至亲自抄写和推荐稿子。

樊发稼回忆说，1985 年夏天在昆明开会，他曾和陈伯吹同住一室，亲见老人每天天未明即起，抓紧时间赶写文章。

有一天，樊发稼早晨六时醒来，见陈伯吹已在伏案写作——为一位青年作家的书写序。樊发稼问他什么时候起床的，他说“大概三点不到吧”。

原来，为了不打扰樊发稼睡觉，陈伯吹起来时特别小心地蹑手蹑脚，尽量不发出声响，而且还用报纸把台灯遮起，天亮了也不敢拉开窗帘。

据樊发稼了解和统计，那些年凡是有青年作者请陈伯吹为自己的书作序，他总是有求必应。自1977年到1997年他逝世前的二十年中，他为人写序竟有200多篇，光是序跋集子就出了四本。

老作家贺宜先生曾在《儿童文学研究》发表过一篇文章，他在文中说过这样一句话：“在我们中国，从古到今，将六十年岁月全部奉献给儿童文学事业，陈伯吹可算是第一人。”

曾经担任《少年文艺》主编的任哥舒，是陈伯吹亲眼看着成长起来的新一代编辑和童话作家。任哥舒说，他多次经手陈伯吹推荐来的文学新人的稿子，有时候陈伯吹甚至亲自一趟一趟地把稿子送到编辑部里来。

任哥舒对陈伯吹为青年作家们写的序言印象很深，很受感动。他记得陈伯吹在某一篇序言的最后这么写道：“……写到这里，我实在是没有力气再往下写了，那么就只好在这里打住吧。”

陈伯吹在书房里。

“可见，他是把自己生命里的最后的一点点力气，也奉献给了儿童文学，奉献给了后来者……”任哥舒感慨地说。

老燕衔泥，春蚕吐丝，这一切都源自他心中的那片长情大爱。

正如陈伯吹老人在一篇题为《凤凰城的孩子们》的散文里，写下的一行字：“你们是爱我的，我知道，我也爱你们啊……”

# 尾声　化作春泥

1997 年 11 月 6 日，中国儿童文学、儿童教育的一代宗师陈伯吹先生，在上海华东医院仙逝，享年九十一岁。

去世前，他竭力完成的最后一件事，是将自己一生积攒的全部藏书捐赠给了浦东新区筹建中的一座儿童图书馆。

如今，这座图书馆被命名为“陈伯吹儿童图书馆”。

人的生命是一根脆弱的苇草，但是，书比人长寿。陈伯吹老人生前从来不以名人自居，而总是谦逊地称自己是“中国儿童文学大军中的一个小兵丁”。

“落红不是无情物，化作春泥更护花。”陈伯吹老人的书和生命，还有他毕生甘于默默奉献，即使燃尽自己、也要照亮他人的精神品格，已经化作深厚的泥土，哺育着中国乃至全世界的一代代新苗与花朵。

一个善良、朴素、纯净和闪光的生命，像燃尽的蜡烛一样熄灭了，但其思想、品格和精神依然耀亮。这时候我们会发现，那被认为是远去了和熄灭了的，其实永远也不会远去和熄灭。

他的生命和精神，像他在《光明的烛》中礼赞过的红烛，发出不熄的光亮，又像他在一首美丽的小诗《人类的恩物》里所赞美的人类文明之火——

烧起一个火锅，
妈妈和孩子一起来坐，
大家烤火。
木架上挂一双小釜，
盛着水，蒸汽上腾，
屋子里像春天一般暖和。
火，火，火，
它是人类的恩物！

陈伯吹木刻像。

## 魔法象故事森林·少年游

### 《蜻蜓池塘》ME001

〔英〕伊娃·伊博森／著　陈红杰／译　张小妹／绘

定价：34.80 元　出版：2016 年 1 月

成长并不意味着放弃个性。忠于内心，才能到达远方。

英国文学巨匠伊娃·伊博森作品，作者曾三度提名卡内基文学奖。

入选 2016 年 3 月新浪“微博童书榜”（7~14 岁年龄组 TOP3）

入选《全民阅读好书推荐书目（2015~2016）》

入选广西师范大学出版社 1986~2016《30 年 300 本好书》

### 《手中都是星星》ME002

〔德〕拉菲克·沙米／著　王洁／译　么么鹿／绘

定价：29.80 元　出版：2016 年 1 月

献给每一个紧握梦想的孩子。

共有 18 种语言版本，在多个国家广为流传，2012 年维也纳市民共读图书，2015 年德国科隆市“城市之书”。

入选 2016 年 3 月百道网“中国好书榜”（少儿类）

入选《全民阅读好书推荐书目（2015~2016）》

入选广西师范大学出版社 1986~2016《30 年 300 本好书》

### 《谢谢你，山谷！》ME003

〔美〕尼基·洛夫廷／著　朱菲／译　马岱姝／绘

定价：29.80 元　出版：2016 年 1 月

致所有渴望被倾听的男孩女孩。

美国畅销儿童小说作家力作，倾听孩子内心，感受自然之力。

入选 2016 年全国教师暑期阅读推荐书目（第三批）

入选 2016 年 3 月新浪“微博童书榜”（7~14 岁年龄组 TOP20）

## 《无人知晓的心愿》ME004

〔美〕弗朗西丝·奥罗克·多维尔 / 著　邸笑飞 / 译　么么鹿 / 绘
定价：29.80 元　出版：2016 年 1 月

送给成长路上点亮我们生命的朋友。

美国埃德加·爱伦·坡最佳童书奖作者力作，为孩子演绎的友情之歌。

入选 2016 年 3 月新浪“微博童书榜”（7~14 岁年龄组 TOP20）

## 《秘密学校》ME041

〔美〕艾维 / 著　陈宇飞 / 译　么么鹿 / 绘
定价：26.80 元　出版：2016 年 5 月

做自己命运的主宰者。

美国纽伯瑞儿童文学奖得主艾维力作，“秘密”背后是孩子勇敢的尝试。

## 《莫吐儿传奇》ME042

〔俄〕肖洛姆 – 阿莱汉姆 / 著　姚以恩 / 译　陈伟 杨静 / 绘
定价：26.80 元　出版：2016 年 5 月

于困苦中生出勇气，于荒芜中开出花朵。

世界著名作家肖洛姆 – 阿莱汉姆逝世 100 周年纪念版，孩童的烂漫洋溢在朴素的故事中，使这部犹太平民之书格外天真可爱。

## 《驴子的回忆》ME043

〔法〕塞居尔夫人 / 著　马爱农 / 译　子炎 / 绘
定价：26.80 元　出版：2016 年 5 月

如果一头驴子能得到温柔的对待，它是绝不会凶的。

法国著名儿童文学作家塞居尔夫人的经典作品，一部有趣而发人深省的驴子回忆录。

## 《月光下的冒险》ME044

〔英〕玛丽昂·圣约翰·韦伯／著　孙昱／译　李志宇／绘

定价：26.80 元　　出版：2016 年 5 月

相信童话，开启不可思议的奇幻之旅。

英国著名儿童文学作家玛丽昂的经典作品，一部儿童文学界的“世界名著”。

## 《蜻蜓昆丁的生命之旅》ME053

〔法〕格文纳艾勒·大卫／著　余婷婷／译　梁琴／绘

定价：26.80 元　　出版：2016 年 11 月

一只小蜻蜓的生命历程，一部大自然的绚丽史诗。

法国昆虫学家格文纳艾勒·大卫的自然小说力作，科学观察与文学创作完美融合，淋漓尽致地展现了一只蜻蜓的瑰丽人生。

## 《忠犬八公》ME054

〔西〕路易斯·普拉茨／著　〔西〕苏珊娜·塞莱伊／绘　轩乐／译

定价：29.80 元　　出版：2016 年 11 月

等待，是为了永不忘记爱我的人。

西班牙著名作家路易斯·普拉茨的动人之作，2014 年荣获西班牙巴塞罗那最重要的儿童文学奖项约瑟夫·M. 福尔奇·伊·托雷斯儿童文学奖，2016 年荣获德国国际青少年图书馆白乌鸦奖。

入选 2016 年 12 月新浪“微博童书榜”（7~14 岁年龄组 TOP1）

入选全国“百班千人”读写计划小学中年级段共读书目

## 《冰心的故事》ME065

徐鲁／著

定价：29.80 元　　出版：2016 年 12 月

把爱的哲学寄小读者。

著名儿童文学作家徐鲁倾情之作，以浅白的文学性语言讲述了冰心的人生经历和文学思想，呈现出冰心笔下“爱的哲学”这一主题。

## 《树上的夜莺》ME069

〔美〕尼基·洛夫廷 / 著　孙榕潞 / 译　么么鹿 / 绘

定价：34.80 元　出版：2017 年 3 月

成长，是你逐渐意识到，没有人为你做决定，你要自己面对问题。

美国著名儿童文学作家尼基·洛夫廷的感人之作。灵感来源于安徒生童话《夜莺》，树上的女孩盖尔穿透黑夜的用心歌唱，教会男孩小约翰如何独自成长、如何去爱。

## 《城堡里的怪兽》ME070

〔英〕伊娃·伊博森 / 著　陆巧玲 / 译　刘黎炜 / 绘

定价：29.80 元　出版：2017 年 4 月

勇敢守护心中至爱，即使历尽千辛万苦。

英国文学巨匠伊娃·伊博森作品，作者曾三度提名卡内基文学奖。

一本关乎成长与收获的冒险小说，献给成长路上勇敢守护心中至爱的孩子！孩子总有阳光般的能量，热情和执着让一切困难迎刃而解。

## 《当我们在一起》ME071

〔澳〕罗伯特·牛顿 / 著　嵇云来 / 译　李志宇 / 绘

定价：34.80 元　出版：2017 年 4 月

走向海岸的三百二十公里，我们是不离不弃的兄弟。

澳大利亚儿童文学作家罗伯特·牛顿的代表作之一，2012 年荣获澳大利亚儿童图书委员会优秀图书奖。这是一场兄弟俩的追寻之旅，那些不期而遇的爱与恨、善与恶、喜与悲磨砺着他们的生命，引领他们走向超出你想象的未知。

## 《海勒姆的困扰》ME072

〔英〕伊娃·伊博森 / 著　陈宇飞 / 译　王涵平 / 绘

定价：34.80 元　出版：2017 年 4 月

做回真实的自己，拥抱自由的生活。

英国文学巨匠伊娃·伊博森作品，作者曾三度提名卡内基文学奖。

这个跨越大西洋的故事，不仅幽默、刺激、温情，还饱含着伊娃对世事人生的关怀与洞悉。

## 《丰子恺的故事》ME073

吴浩然 / 著

定价：26.80 元　　出版：2017 年 6 月

以纯真漫画搭建属于孩子的自由世界。

“弘一大师 · 丰子恺研究中心”特约研究员、丰子恺艺术资深研究者吴浩然执笔创作。浅白文字配以雅致插图，带领小读者走近大师丰子恺的广阔人生。

## 《记忆古董店 1：蝴蝶帝国》ME078

杨紫汐 / 著

定价：19.80 元　　出版：2017 年 8 月

相信爱的力量，永不放弃追寻希望。

繁华都市的僻静角落有一家“记忆古董店”，这里不仅出售古董和它们所承载的记忆，也接受委托，追查古董背后的隐秘往事。这一次，一把古董钥匙开启了一个由巨型蝴蝶驱动的恢宏帝国……

入选 2017 年 8 月“腾讯 · 商报华文好书榜”

## 《记忆古董店 2：翡翠迷城》ME079

杨紫汐 / 著

定价：19.80 元　　出版：2017 年 8 月

不畏前行，爱引领回家的路。

一座昔日的美丽海岛，如今变成了变幻莫测的植物迷宫，人们迷失其中，再也找不到回家的路。一颗绿珍珠引出一连串关于贪婪、占有和迷失的往事，而孤单的人们，终因爱而回归。

入选 2017 年 8 月“腾讯 · 商报华文好书榜”

## 《记忆古董店 3：奇魅壁画》ME080

杨紫汐 / 著

定价：19.80 元　　出版：2017 年 8 月

在时空中百转千回，只为不负爱我的家人。

一起离奇失踪案揭开了深藏在壁画中的玄机。“巨时代”“纽扣堡”“花田迷宫”……在交错的时空中造访神秘之地，寻找另一个自己，履行爱的诺言。

入选 2017 年 8 月“腾讯 · 商报华文好书榜”

## 《汉娜的秘密剧院》ME082

〔英〕海伦·彼得斯 / 著　李玉琴 / 译　黄吟帆 / 绘
定价：34.80 元　　出版：2017 年 9 月

为梦想创造舞台，永不服输。

英国儿童文学作家海伦·彼得斯代表作，入围 2013 年英国水磨石儿童图书奖。这是一本关于如何实现梦想和守护家园的小说，让艺术和生活巧妙地结合，发挥孩子自己的创造力，面对挫折永不言败。

## 《拯救秘密剧院》ME083

〔英〕海伦·彼得斯 / 著　李玉琴 / 译　么么鹿 / 绘
定价：34.80 元　　出版：2017 年 9 月

勇往直前，守护我们的家园。

英国儿童文学作家海伦·彼得斯代表作，是《汉娜的秘密剧院》的续篇，延续了农场生活的主题，教会孩子如何运用机智和勇气化解生活中的难题，守护自己的家园。

## 《地堡日记》ME084

〔英〕凯文·布鲁克斯 / 著　万美文 / 译　蓝晴 / 绘
定价：32.80 元　　出版：2017 年 11 月

逃离，是为了寻找爱的归宿。

荣获 2014 年英国卡内基文学奖、2013 年英国南部学校图书奖。

一场出走演变为一起匪夷所思的绑架案，无法预料的遭遇仿佛是每一段成长的必然。故事紧张而冷静、残酷而悲悯，别开生面地讲述了一个离家少年的寻归之旅。

## 《陈伯吹的故事》ME085

徐鲁 / 著
定价：29.80 元　　出版：2017 年 11 月

笔耕数十载，为幼小者奉献一生。

著名儿童文学作家徐鲁作品，为少年儿童展现著名儿童文学作家、教育家、编辑出版家陈伯吹先生的壮阔人生。这位孩子群中的恂恂长者，被誉为“东方安徒生”，是中国儿童文学和儿童教育的一代宗师。